Ninja Assassin SUDOKU

YELLOW BELT

FRANK LONGO

PUZZLE WRIGHT PRESS
New York

CONTENTS

PUZZLE
WRIGHT
PRESS
New York

An Imprint of Sterling Publishing
387 Park Avenue South
New York, NY 10016

ISBN 978-1-4549-0151-8

Distributed in Canada by Sterling Publishing
c/o Canadian Manda Group, 165 Dufferin Street
Toronto, Ontario, Canada M6K 3H6
Distributed in the United Kingdom by GMC Distribution Services
Castle Place, 166 High Street, Lewes, East Sussex, England BN7 1XU
Distributed in Australia by Capricorn Link (Australia) Pty. Ltd.
P.O. Box 704, Windsor, NSW 2756, Australia

For information about custom editions, special sales, and premium and corporate purchases, please contact Sterling Special Sales at 800-805-5489 or specialsales@sterlingpublishing.com.

Manufactured in the United States of America

2 4 6 8 10 9 7 5 3 1

INTRODUCTION

To solve sudoku puzzles, all you need to know is this one simple rule:

> *Fill in the boxes so that the nine rows, the nine columns, and the nine 3×3 sections all contain every digit from 1 to 9.*

And that's all there is to it! An example puzzle and solution can be found on pages 5-7.

Ninja Assassin Sudoku is a six-book series, and the entire difficulty gamut is covered, from beginner to wickedly tough.

In *Ninja Assassin Sudoku: White Belt*, you can begin gently with some entry-level puzzles, and by the end of the book the puzzles are of medium difficulty. Only basic to intermediate techniques are required, and the intermediate ones are not used in combination.

In *Ninja Assassin Sudoku: Yellow Belt*, the puzzles range from "easy" to "easy medium." Basic and intermediate techniques are utilized. Toward the end of the book, the intermediate techniques may be used in combination, but not in large percentages.

In *Ninja Assassin Sudoku: Green Belt*, the puzzles range from "easy medium" to "hard medium." Although only basic and intermediate techniques are required, they may be used in greater percentages, and in combination.

In *Ninja Assassin Sudoku: Blue Belt*, the puzzles begin at "medium" and work their way to "hard." The hardest puzzles here are as difficult as they can be without requiring the use of advanced techniques.

In *Ninja Assassin Sudoku: Brown Belt*, we start entering the realm of truly hard sudoku. The vast majority of newspaper and magazine sudoku puzzles, even the ones labeled "hard" or "challenger," are easier than most of the puzzles you will find in this *Ninja Assassin Sudoku* book and the next. The advanced techniques you will find include X-wings, Gordonian rectangles, Gordonian rectangles plus, and one-sided Gordonian rectangles.

In *Ninja Assassin Sudoku: Black Belt*, we pull out all the stops for some real head-banging. These puzzles require the most advanced techniques, with intimidating names like swordfish, jellyfish, XY-wings, XYZ-wings, alternating digits, finned X-wings, Gordonian polygons, and extended Gordonian rectangles. In the toughest puzzles, these might even be used in combination.

If you're not familiar with some of the expert techniques listed above, you may want to check out the book *Mensa Guide to Solving Sudoku*, by Peter Gordon and me, before tackling the harder books in the series. Or you could just try diving right in. Even the hardest of the puzzles are entirely fair, never requiring you to blindly guess. You'll always be able to logically arrive at the next step *somehow*, and you may find yourself discovering some of the fancily named techniques that were rattled off above. (Feel free to give them your own names.)

So, whether you're in the mood for some easy, breezy solving, or some serious wrangling, the books in the *Ninja Assassin Sudoku* series have what you are looking for.

—Frank Longo

EXAMPLE PUZZLE

	A	B	C	D	E	F	G	H	I
J									
K					2		1	8	4
L	9		5		7		2		6
M	1		4	3	9	2		7	
N				7		6			
O		7		1	4	8	9		2
P	3		2		6		8		5
Q	8	4	9		3				
R									

The letters at the top and left edges of the puzzle are for reference only; you won't see them in the regular puzzles.

The first number that can be filled in is an obvious one: box EN is the only blank box in the center 3×3 section, and all the digits 1 through 9 are represented except for 5. EN must be 5.

The next box is a little trickier to discover. Consider the upper left 3×3 section of the puzzle. Where can a 4 go? It can't go in AK, BK, or CK because row K already has a 4 at IK. It can't go in BJ or BL because column B already has a 4 at BQ. It can't go in CJ because column C already has a 4 at CM. So it must go in AJ.

Another box in that same section that can now be filled is BJ. A 2 can't go in AK, BK, or CK due to the 2 at EK. The 2 at GL rules out a 2 at BL. And the 2 at CP means that a 2 can't go in CJ. So BJ must contain the 2. It is worth noting that this 2 couldn't have been placed without the 4 at AJ in place. Many of the puzzles rely on this type of steppingstone behavior.

We now have a grid as shown at the top of the next page.

Let's examine column A. There are four blank boxes in column A; in which blank box must the 2 be placed? It can't be AK because of the 2 in EK (and the 2 in BJ). It can't be AO because of the 2 in IO. It can't be AR because of the 2 in CP. Thus, it must be AN that has the 2.

	A	B	C	D	E	F	G	H	I
J	4	2							
K					2		1	8	4
L	9		5		7		2		6
M	1		4	3	9	2		7	
N				7	5	6			
O		7		1	4	8	9		2
P	3		2		6		8		5
Q	8	4	9		3				
R									

By the 9's in AL, EM, and CQ, box BN must be 9. Do you see how?

We can now determine the value for box IM. Looking at row M and then column I, we find all the digits 1 through 9 are represented but 8. IM must be 8.

This brief example of some of the techniques leaves us with the grid below.

You should now be able to use what you learned to fill in CN followed by BL, then HL followed by DL and FL.

	A	B	C	D	E	F	G	H	I
J	4	2							
K					2		1	8	4
L	9		5		7		2		6
M	1		4	3	9	2		7	8
N	2	9		7	5	6			
O		7		1	4	8	9		2
P	3		2		6		8		5
Q	8	4	9		3				
R									

As you keep going through this puzzle, you'll find it gets easier as you fill in more. And as you keep working through the puzzles in this book, you'll find it gets easier and more fun each time. The final answer is shown below.

	A	B	C	D	E	F	G	H	I
J	4	2	1	6	8	3	5	9	7
K	7	3	6	5	2	9	1	8	4
L	9	8	5	4	7	1	2	3	6
M	1	5	4	3	9	2	6	7	8
N	2	9	8	7	5	6	4	1	3
O	6	7	3	1	4	8	9	5	2
P	3	1	2	9	6	7	8	4	5
Q	8	4	9	2	3	5	7	6	1
R	5	6	7	8	1	4	3	2	9

1

						7	4	8
	8	5	1					
	7			8	2			5
	2		8	5	3		9	4
		8	7	1	4	5		
1	5	4	6	2	9	3	8	7
5			2	4	8		3	
					5	8		
8	6	2					5	

2

		5	4				1	7
				1	7			
2							4	
6		8		3		1	7	5
			6		1			
3	4	1		5		6		2
	5							1
			3	8				
8	6				5	9		

3

1	3	6			5		7	
	5							3
				9	2			
9	4		7			8		1
5								4
6		8			3		9	2
			5	2				
8							2	
	2		9			6	4	8

4

			2	5		8	7	
5				7				4
		9				3	2	
					1	5		
	3		5		7		8	
		7	9					
	2	1				4		
8				6				9
	4	6		1	3			

5

8				7	2			
5	1	3						7
	7		1					
		4	2				6	
		7	8		4	1		
	8				5	9		
					8		1	
7						4	9	8
			9	3				5

6

		4					8	1
1		9	7				6	
			4	3			7	9
9			1					
		1	2		8	3		
					5			2
8	9			7	3			
	1				9	8		7
3	6					9		

7

	5			3		8	2	
			4		7	9		6
7	8					3		
			8				6	
8	2						3	9
	9				6			
		8					4	2
5		7	6		2			
	6	3		4			9	

8

7			4		3			
			9	2		6		
				6	5	1	4	3
8		5						
	1	4				2	9	
						4		5
6	3	7	5	8				
		2		7	6			
			3		4			2

9

	1	7		9		8		
6	9				2			
			5		4			1
4	2					1		
	6		7		9		3	
		9					4	8
2			4		1			
			2				5	6
		6		8		7	1	

10

	4		7			5		
					5	9	6	
	9	1					8	
7	6		1					
	5	9		8		7	3	
					6		5	9
	2					3	7	
	1	6	8					
		8			3		2	

11

		9	3	4				
	4		1				5	6
5			6	2				7
	5	7						
		8		1		7		
						8	2	
2				5	7			4
1	7				6		8	
				8	1	5		

12

		5			3			2
	4		9	7				
	8	1		6		9		4
6	9			5				
			4		6			
				9			8	1
8		6		1		4	7	
				8	4		2	
4			3			1		

13

9	6			8			2	
		1		4		5		
3					6			8
	3	5	1					
			5	6	3			
					8	3	4	
6			4					1
		8		3		2		
	4			2			6	7

14

		4		5	2			
9		5					6	
7			6				9	
				2	5	6		
	5	3		7		2	1	
		1	3	9				
	7				1			8
	8					3		1
			7	3		4		

15

	9			3			1	
		6	9		2			
				7	5			6
4		9				8	6	
2		5				9		1
	8	1				5		3
7			5	8				
			6		1	4		
	2			4			3	

16

				6	1	4	5	
8		4						9
9	5				4	3		
	9						2	
			6	4	2			
	7						8	
		6	7				3	1
1						5		7
	2	9	1	5				

17

					1	3	4	
		9	2		3		1	5
	3							9
			5	4				7
3		5				2		4
1				2	9			
9							2	
8	4		9		2	6		
	2	3	8					

18

				9		1	2	4
		7	1				6	9
			2	4				
		3	8					1
	2	4				7	8	
6					2	4		
				8	9			
1	7				6	8		
3	6	8		2				

19

	1						2	
6	2					4		
7		3		1	9	5		
1				8	2			5
			5		1			
5			6	4				3
		6	4	3		9		1
		1					5	8
	9						3	

20

	2	8			7			
			8			5	1	3
5								8
6	4			3				2
		1				8		
8				6			9	4
7								9
4	1	3			9			
			7			6	8	

21

	4		5	3	8			
		3				5		
1	9							
7		1	8					4
5	6			1			7	8
9					4	6		5
							3	6
		6				7		
			9	6	2		4	

22

	5	2			4			
		4	2			8		5
3		6		9				
		1		5				8
9	3						1	2
2				1		9		
				8		6		9
1		3			9	5		
			7			1	2	

7	9	5		8	4			1
		6	1					
	3				2		7	
				6		2		7
5								6
4		2		5				
	4		5				6	
					1	9		
2			9	4		1	3	5

23

1		8	2		4			5
						8	9	
	6			7				
	7					5	4	
	8	3	4		1	7	2	
	5	1					3	
				4			6	
	3	5						
2			7		3	1		9

24

25

		4	6	8				
9			4				5	
3	2							8
	3			2	4	7		
	8						9	
		5	8	1			4	
1							7	5
	4				3			9
				7	8	1		

26

4			9			2		5
	8	5	1					
9				4	6			
	9		4			6	5	
		8				7		
	1	6			8		9	
			7	5				6
					1	3	7	
8		2			9			1

27

	6			3	7			
			9		5	2		
5	8		4					3
	2		8				5	6
		4				1		
6	5				1		7	
7					3		4	2
		3	5		4			
			7	9			3	

28

1				4	7			
2					6			3
					9	8		1
	8					3	6	
	7	4		5		1	2	
	2	3					5	
4		2	8					
8			3					4
			9	7				2

29

	6		1		8			
						1		2
8				7		3	6	
					4	5		6
6		5		8		4		7
7		4	9					
	9	6		1				8
5		1						
			3		6		1	

30

	5		8				1	6
6					9	2	7	
9	8	7						
			3	2				
		9	7		4	5		
				6	1			
						6	2	7
	7	6	2					4
4	1				6		9	

31

8			2	3				
3					1	4		
5		6			4		7	
	1	4						
9		5		7		8		6
						2	5	
	8		1			6		7
		9	7					1
				4	6			2

32

			8		9		1	
9				2				
	4	1				9	7	8
		9	4					6
7			2		8			9
6					5	4		
8	7	2				1	5	
				8				2
	5		1		2			

3
3

	2		1					6
	7	6		4		9		
9	5					3		
2			8		1			
6		1				2		4
			7		4			8
		5					9	2
		3		9		8	6	
7					6		5	

3
4

		8	3			4	2	
	2	9		5				
			9				5	3
			1				3	8
7								1
4	3				9			
8	6				5			
				2		1	8	
	5	3			4	7		

3
5

4		7	6					
		1	4		8		5	9
	5							6
				5			7	2
7		9				5		1
5	4			3				
6							3	
9	8		7		6	1		
					3	9		4

3
6

	5	8		1				7
	3				7		4	
6		9					8	2
		6	3	7				
8								6
				8	6	2		
9	2					3		4
	6		4				2	
7				3		5	1	

37

	8			3	9			7
			2			4	9	
4	7					2		
		4		2				6
	1		6		8		4	
6				4		1		
		3					7	4
	4	8			1			
7			8	5			3	

38

			3			8		2
				5	8		1	
6	3		1	2				
		2	6				8	
9		7				6		4
	8				7	9		
				4	5		9	7
	7		8	6				
5		1			9			

39

	7	1		6				
	2		4	8		3		
3		9						7
8					9			
	4		2	7	6		8	
			8					2
6						2		3
		8		1	2		6	
				3		1	7	

40

8			5		6			
	9			8	7	6		
		6					4	
				4		7		9
9	3						2	1
1		8		3				
	8					4		
		7	3	6			8	
			2		8			5

41

1	9					7		
					8	2		
	2			7	6			3
		8		2		6		7
	5		7		1		9	
2		9		4		8		
4			8	6			7	
		2	9					
		7					2	8

42

9	4					1		
1	5			4				8
		8			9	4		
		9	2				5	
5		1				6		7
	8				5	2		
		2	6			8		
4				2			9	6
		3					2	1

43

7	6				3		8	
						4	2	6
		8		1				
1					8	2		
	7	4	6		5	8	1	
		3	4					9
				5		6		
6	5	2						
	1		7				5	2

44

6	2			7	5	8		
			2	9		5		7
5						9		
					7	4	9	
	7						8	
	8	2	9					
		5						8
1		8		3	2			
		4	8	5			3	1

45

	5		3					4
		6	7					
1				9	6		8	
7		8					9	6
		9		1		8		
6	1					4		3
	6		8	7				5
					2	3		
9					5		1	

46

		2		5				1
		7	8			9		
	4	8	1				6	
4				7				2
		1	5		6	4		
7				2				6
	2				3	5	1	
		3			8	6		
1				6		2		

47

			8	1			9	
	6	9	2					8
5	8	3					7	
			5					6
	7	6				9	2	
2					8			
	1					2	3	9
4					3	8	5	
	2			8	9			

48

5	3							
			3	8		1		2
	8	2		9	7	5		
	6							
2	9		8		3		5	4
							7	
		6	1	5		2	4	
8		4		6	9			
							1	6

49

		3	6				8	1
1			9			3		
4				3		2	9	
			1			8		
	9		2		3		6	
		5			7			
	4	6		5				7
		7			4			9
2	3				6	5		

50

6		3	7	4				2
			6					
1					3	6	5	
	2					4		9
	3	1				5	8	
9		4					2	
	9	6	3					7
					8			
5				7	2	3		1

51

6	5		4				8	
	2			6			1	
		1	3	2			5	
					1	4		2
2		3	8					
	6			8	3	5		
	7			4			9	
	3				9		4	1

52

			2	4	7			
						2	7	
	3					4		6
5				7	3		8	9
		6		2		3		
7	8		6	1				2
3		8					6	
	1	5						
			9	3	8			

5
3

		6	9		5	1		3
				1	7			4
5		2						
				3			6	
3		9				7		1
	5			4				
						3		6
1			5	6				
6		3	2		1	5		

5
4

5	9	7			3	2		
				7			5	
	2		6			7		1
8					4			7
9			8					6
3		4			5		7	
	8			1				
		2	3			6	8	4

55

1	6	5						
			6				3	
			5	1				9
8	2	6						
9	3						4	6
						1	9	8
6				3	9			
	4				7			
						7	5	3

56

4						9		7
	9		6		4	5		1
				9	7	2		
	8		7			1		
2								9
		9			5		3	
		8	5	7				
6		2	4		8		9	
1		4						6

57

		4		6		2		
	1			2	5			
	5	3	4					
8						7	2	
4		2				1		9
	9	1						8
					8	9	1	
			2	9			3	
		6		4		8		

58

7		1	9					
8						3	7	
				7		5		8
						4		9
		9	2		8	6		
5		8						
3		2		4				
	7	6						2
					7	8		4

59

			3		8	1		
	2			9				
7			2			4	9	
		6	5		4			7
		8				5		
5			1		9	6		
	8	3			1			5
				4			3	
		9	7		5			

60

5					7	2		
	2	7		3				
	8			9				5
				2			6	9
		2	1		9	7		
8	7			6				
3				1			5	
				8		1	4	
		6	4					3

61

					9		6	8
1	5		2		6			3
	8					7		
2					7			4
			1		4			
5			3					1
		5					2	
4			6		3		7	5
8	2		7					

62

7	6			2		5		
			6					
4	1			3		8	2	
			8				6	
	3	1	9		2	7	5	
	7				3			
	2	8		7			3	5
					4			
		3		8			7	9

6
3

2		7			5		1	
4			7			5		
3	1							2
		3	1	9				5
				6				
8				5	4	3		
7							5	4
		8			2			3
	4		3			9		8

6
4

3	8							
			7	9		2		
2					1			7
		1		6	7			
	4	8				5	7	
			2	4		9		
7			6					1
		4		5	3			
							4	9

6
5

2	8			1		7	5	
			2				9	
	3							2
8		2				9		
			1		9			
		4				1		6
7							3	
	9				5			
	6	3		7			2	1

6
6

6	9		8					7
	7	8		2				3
4		5		9				
9		7						
	5	4				1	9	
						5		6
				5		2		9
5				4		6	8	
8					2		4	5

6 / 7

					1	6		9
		2					4	
9	4		8		3			2
3					5			
		1	3		2	9		
			7					4
1			9		8		5	3
	6					8		
4		9	5					

6 / 8

								8
1		2	9				7	
		7	5				4	
		9		4		3		
7			6		3			1
		3		9		6		
	7				5	8		
	9				4	7		6
8								

69

						9	7	
		2		3	5	1	6	
				7				3
8	5				4	7		
2								4
		3	7				8	2
6				9				
	9	1	5	6		8		
	8	4						

70

	9	4	7	1				
			3					6
		6				7	3	
						4	1	2
	1	3				9	7	
8	4	7						
	3	9				2		
5					1			
				2	4	3	9	

7
1

	7		4		3		5	
4	2	1	6					
		5						
				4		7		
6	3			8			1	4
		8		3				
						9		
					7	1	4	3
	5		3		2		8	

7
2

		1	9		2	3		
					4	1		
3						9		4
				7			5	8
	5						7	
6	9			5				
2		5						1
		3	7					
		9	1		3	5		

73

		4			9	5		
9			3			7		
	2	5		8	1		9	
			6	1			7	
	6			2	8			
	4		9	5		3	2	
		2			4			6
		7	8			4		

74

9		6	7		3			
		8	1		4			
5				9			1	
		3				2		1
		9				7		
4		2				6		
	6			7				2
			2		6	4		
			4		8	5		7

75

7					8	9	3	
		5				4		1
6					7	8		
		2		8				
			9		1			
				5		3		
		1	6					8
2		8				1		
	3	9	8					2

76

		5	7			8		
	4	3	1					
		2	6	3			7	
	1							
	5	6				7	9	
							4	
	9			5	4	6		
					9	5	3	
		1			7	9		

7
7

		5	3	4	6			
		7		8		4		
3			7					
		4	9			2	1	
9				2				4
	1	6			3	7		
					7			2
		3		9		6		
			2	6	5	3		

7
8

						7		
1			8	3	2			
	8		9					6
	5		4			2		
4	1			2			9	3
		2			3		6	
7					4		2	
			6	1	5			7
		5						

79

	2		7		6			
7		8		5				
4		5		8				
5					2	9		
2				3				6
		7	4					3
				6		8		9
				2		5		4
			3		5		7	

80

4							9	
	7							3
		6	8	4				1
		1			9		6	
	9		4		7		2	
	5		3			9		
7				1	8	2		
3							7	
	2							8

81

3			8	7			1	6
	6				5	3		
					1			
	4					1		9
	9		7		2		4	
6		8					7	
			1					
		6	5				9	
2	7			3	8			4

82

1		5				6		
		8			3		1	
2			1			8		9
	9		4	2				
	5		6		7		4	
				5	9		6	
6		4			1			7
	3		8			4		
		1				3		6

83

	1		8					6
							5	9
	7	8	2	6				
		2	1					
4		6				9		8
					6	4		
				3	5	7	8	
3	2							
7					2		6	

84

		7				6	1	
								2
	5	8	6	3		7		
3			5					
	8	4				5	3	
					7			6
		6		7	8	2	9	
4								
	9	5				3		

85

	3							
8		7			3			
		1	7	8		3	5	
	6	9			7		1	
			9	5	4			
	8		3			5	9	
	9	8		1	5	2		
			6			7		9
							8	

86

			9		2	6	1	3
1	9		8	3			4	
7				2		9	6	
			3		9			
	8	2		4				1
	5			9	6		2	4
6	2	9	4		8			

87

	2	9	6				4	
			9			6		2
	8		7	1				
						4		5
8	1			4			7	6
7		5						
				6	1		5	
5		3			8			
	6				5	8	9	

88

					9	6		8
			7	1	3	9		
5		1						
	6				7	3		
		4	5		6	8		
		7	1				6	
						5		6
		2	8	9	5			
1		5	4					

89

	2				9	1	8	
			5	8				
	1				3		5	7
			1			3		
		9		5		8		
		7			2			
9	7		6				4	
				4	8			
	5	4	2				9	

90

4		7			1		8	
			7					
2				6	5			7
				9	2	8		
3	5						1	4
		2	3	1				
6			1	2				5
					9			
	9		6			3		2

91

		3		7		8	1	
		2					3	
5	6							2
		5	2					8
			7	1	5			
6					8	4		
1							9	7
	5					3		
	2	8		3		6		

92

	1						5	6
	6			4	3			
7		2	1	5				
	4						6	
2			8		7			4
	7						1	
				2	1	5		3
			3	6			8	
3	9						7	

93

7		1	6			3	5	
		3		9			7	
							1	6
3					8			
	2						6	
			2					4
9	4							
	6			8		7		
	3	5			1	2		9

94

	4				7			3
						4		
	6			4	2		1	
9	2			1				8
3		4				9		2
6				9			3	1
	7		8	3			9	
		5						
1			6				7	

95

6		5		1			7	
		8	5				4	
					7			
4			2			1		
1		2	4	5	9	6		7
		6			1			4
			9					
	3				5	8		
	9			8		7		1

96

1			9				8	7
		2			8	3		
5	7					6		
					5	1		9
			8		2			
6		9	7					
		6					1	8
		1	4			5		
8	9				7			2

97

3	7							9
				9	1		3	
		9		3				8
		7			8			1
		1	3	2	4	9		
8			9			2		
2				7		6		
	4		1	6				
7							1	4

98

					5	1	6	
2	3	1			4	5		
		6	3	1		9		
				6		3		1
1		4		7				
		2		8	9	4		
		3	4			7	8	2
	4	8	2					

99

3			8				5	
	7	5	9	1				
				3	5			8
		3				1		9
9								3
1		6				8		
6			7	8				
				4	6	9	2	
	2				3			4

100

7		8						5
			1		9			
2	3						1	
	2	3	6		7		5	
	9			8			2	
	5		4		1	3	6	
	8						9	2
			8		6			
5						4		8

101

4	9		3				2	
			6	2				
3	1	2	8					7
9			5					
		8				3		
					7			1
2					5	7	4	9
				8	2			
	4				3		1	2

102

	6				3		7	
	9		7		6	8		2
			1					9
		8		2				1
7								6
4				1		5		
6					1			
1		4	2		9		3	
	8		5				9	

103

4		6		1	5			
		1				8	5	6
8					9		3	
	2	5						
			7		6			
						5	1	
	7		6					1
9	8	2				6		
			4	2		7		5

104

6	3				5			8
		9						
	1					3	2	7
	4			9		7		
8				2				1
		6		3			4	
3	8	1					5	
						1		
9			2				6	3

105

	9				7	2		
		1		6			7	4
			9	3			6	5
	4							8
5								1
1							4	
9	1			7	5			
8	3			4		1		
		2	3				9	

106

7			2			8		1
		1			6	4		5
		2		1				
					9		8	
5	6						9	2
	9		8					
				6		5		
3		5	7			2		
1		6			5			7

107

	5	3	1			2		
	8	2	6		4		9	
								7
8					1			
3		1				7		4
			4					1
5								
	4		9		5	6	3	
		6			3	4	5	

108

	9		4		2	5		
					3	9		1
		3					2	
				5	1		4	6
5								9
6	3		7	9				
	1					3		
9		6	8					
		4	1		6		9	

109

		9				3		1
3		4		7			6	2
				8				
	3	1	6					
	7		4		5		3	
					8	1	4	
				2				
5	1			6		2		4
7		6				9		

110

		1			4			
		3	8	1			9	
				3				2
6	4		2			9		5
		9	3		7	8		
3		8			5		6	1
1				7				
	8			4	6	2		
			5			6		

111

5	7		1					2
	9	4	7					
		6				4		
3	1			9				
		2				6		
				7			4	5
		8				5		
					8	9	3	
2					9		8	4

112

				8	6	5		1
			7		2		3	
	9					6		
	3	7	8				6	
4								5
	6				5	1	7	
		2					1	
	4		6		9			
1		9	2	3				

113

				5			7	1
1		5			6	3	9	
	9					6		
8		3						
6			9		3			2
						5		7
		1					8	
	6	9	5			4		3
3	2			9				

114

2		7	3	9		4		
		8				2		
				2		8	7	3
						5	9	
			1	3	6			
	7	4						
7	8	2		1				
		3				9		
		9		8	4	3		2

115

			9		7		2	
2			3			5	1	
	4			8	2			
		4		7				
1	7						5	8
				5		6		
			8	3			4	
	2	8			5			3
	9		6		1			

116

				5			8	
	2							9
					9	5	7	2
3		6		8	5	2		
		2	6		3	1		
		1	2	9		4		6
2	9	8	3					
7							1	
	1			7				

117

	7							
6				2	7			
		3	6	8	5			4
	5	6				9	1	
		9	5		3	4		
	4	1				3	7	
4			9	7	8	2		
			3	5				7
							3	

118

	3			8	1	4		
	5				6			9
		8					6	
4	2	1						
		9		4		7		
						6	2	4
	9					3		
1			3				4	
		6	7	2			8	

119

8				6		4	1	7
3				7				
			9		8		2	
9	5	4			6			
2								6
			1			9	4	5
	3		7		9			
				3				4
4	7	8		1				2

120

	1	7			6			2
		9		1		8		
8	6			3				
	7						5	
		2	6		5	1		
	9						6	
				2			8	7
		5		4		6		
1			3			5	4	

121

		7	9	2	8			
		3				6		
9			4				8	
5	9				7			
			6	8	9			
			3				2	6
	7				3			4
		5				1		
			8	9	5	7		

122

							5	
				9		6	8	
3		7			4		1	
9						4	3	7
				8				
2	5	6						8
	1		7			2		9
	2	5		6				
	7							

1
2
3

				6				9
	7	1			9	2		
			2			8		4
2	9					1		
	4						5	
		5					3	6
3		8			6			
		9	5			6	2	
4				8				

1
2
4

	3			6	5	1		
2						9		
		5			7			
6							9	3
7	2		4		6		8	1
8	5							2
			7			4		
		1						7
		8	1	4			3	

125

	4		6					9
		7			3			
5				7			6	4
		2		1				
1		4	2		7	5		3
				3		4		
4	9			2				5
			5			7		
7					6		2	

126

		3			7			
	8	4		3		7		5
	2							4
				2	4		1	
7			9		6			8
	1		7	8				
6							8	
3		1		5		6	2	
			1			4		

	3							
4							6	
6	5		4	1	8			
		7			4	5	9	
		8				1		
	1	3	5			6		
			3	9	6		8	1
	9							3
							5	

1
2
7

	7	1	4					
				6		4	1	8
	4		2			5		
5								
4			7	8	5			2
								9
		8			6		4	
7	3	2		1				
					9	8	3	

1
2
8

129

	1	6		7	4		8	
	4						9	6
2		8						
	3		5			6		
				4				
		1			2		4	
						2		7
4	5						1	
	8		7	9		3	5	

130

			2				8	4
7		2		6	4	5		
						2		
9	2	4				3		
6								7
		8				4	6	5
		5						
		3	6	7		1		2
2	8				5			

131

		6	7		9			
3	8				6			7
				5			2	4
	4						9	2
		2				1		
1	7						3	
8	3			6				
7			9				4	6
			1		7	8		

132

	5			9	4			
	1				3	7		
		4		2		9		
8		1		6			7	
5								1
	7			1		5		3
		9		4		3		
		6	7				9	
			9	8			6	

133

		7		8			5	
6	5			7	1			9
	9		6					
	8			3	2	9		
		9	7	1			4	
					8		6	
5			2	4			3	7
	4			6		5		

134

				5			6	9
	5		7		8			
	8	2		1	6			
		9		3				5
			9		2			
8				7		9		
			6	2		3	7	
			3		1		5	
2	6			4				

1
3
5

		9	4			3		
	4	2			5		6	
	1	3					7	
6	8				2			
				4				
			6				2	9
	2					4	3	
	5		7			2	1	
		6			3	5		

1
3
6

	7	1		4				6
		9				8		
	3		9	6		2		
6								
1			3		7			4
								5
		5		9	8		7	
		6				4		
4				7		3	8	

1
3
7

6		2		4				
	9						4	3
			5			9		8
					7	4	3	
7				9				2
	4	3	2					
8		9			3			
4	5						8	
				1		7		4

1
3
8

		5					6	4
				4	7	3		8
	1		3				5	
			8			1	4	5
		8				2		
5	9	1			4			
	3				5		2	
8		2	1	6				
6	4					5		

139

9	3				7			
	2			6			9	1
		4	5					2
			4					3
5		3		9		1		4
4					8			
3					2	4		
1	9			4			3	
			8				1	5

140

6		1	4			3		
		8		3				
	4				1		6	
	9	6	3					
4								8
					8	4	5	
	1		6				3	
				5		2		
		3			2	1		5

141

3	4	2						
1		9			6			
6						3	5	
9		6	1	4		8		
				9				
		4		8	2	6		9
	9	3						2
			2			9		1
						4	3	8

142

			3					
2						6	3	
				5	6		8	1
1	3				8			
		4	2		1	9		
			7				4	8
7	2		9	3				
	1	5						2
					5			

143

		3	4				5	
	7	1				3		
		8	1			2	4	
			6					3
6		4		3		7		8
8					4			
	2	5			6	9		
		9				8	3	
	8				9	5		

144

8					1			
9		1	5	6			2	8
	4				9			3
		2		1				
5				8				1
				9		3		
1			9				6	
6	2			5	3	1		9
			1					2

1 4 5

			9	4			3	7
7				5			1	2
		9			1			
2						7		
			3		4			
		5						8
			2			3		
5	9			7				4
1	7			6	9			

1 4 6

7	9	1				3	6	
4	6				3		8	
3		4		6	1			
		9	4		7	8		
			9	3		4		5
	3		1				2	9
	5	8				6	4	3

1
4
7

6							8	
			8	1	3	2	5	
			2			1		
						7	1	
8		3		5		4		2
	9	7						
		6			4			
	5	9	3	2	7			
	2							3

1
4
8

	3			9	8	6	2	
	5		3		4			7
		9		3			6	8
3								2
6	4			7		5		
1			7		5		3	
	2	6	8	4			5	

149

		7		9		6	1	
	3	6						
4					5			
	1		2				9	
		3	1	5	9	8		
	4				3		2	
			7					1
						5	6	
	7	1		4		9		

150

					4	5	6	3
6	2	3				4		
								7
4				8			3	
	8	9				7	5	
	6			7				1
9								
		4				8	7	9
1	7	8	9					

151

5			4			6	1	
					3	8	2	
		4	9					5
	1		6		2			
		6				7		
			7		9		4	
2					5	4		
	8	5	3					
	6	9			4			3

152

8				5			3	
6			4					1
	9	2	1					
2			3			7		
	7						4	
		8			5			9
					1	3	7	
9					3			2
	5			7				4

1
5
3

	5		6			1		
			4	9				6
	8			1	5			
	6					4	3	5
				6				
3	1	7					9	
			8	3			4	
2				5	1			
		3			9		8	

1
5
4

5				7				
2			5		4	7		
7		3	2					
	3		6	1				
4	1		8		7		5	6
				9	5		1	
					8	4		9
		7	1		3			2
				5				7

155

4	1	6					7	
2			1		7			
				5				
9	4			7	5	2		
		8	6	1			5	9
				8				
			3		6			4
	5					9	2	6

156

1			7				3	
			3	5	1	4		
		8				5		
			5		3			8
6				2				7
7			6		8			
		9				2		
		1	8	3	4			
	3				7			5

1
5
7

5		3			7		9	
	4				5			
			8				6	
	8	7		6		4		
6		1				2		5
		4		2		6	8	
	7				8			
			1				2	
	2		3			1		8

1
5
8

		1	4		8		7	
7						1		8
	2			7				
1			9				3	6
	7						1	
6	3				1			7
				3			4	
4		7						2
	6		5		2	7		

159

4								8
	9		5			4		
		2		9	3			
	6	7					3	
			6	3	5			
	4					6	9	
			7	6		8		
		5			2		7	
8								2

160

				7	3			
9					2	7		
2				5			1	
	9					2	4	
1								5
	3	8					9	
	2			9				3
		5	4					8
			7	2				

161

5	6							
3			6	1				
		4				1	6	2
1			3		4			8
				8				
9			1		5			6
8	9	3				6		
				2	6			1
							9	7

162

	9	4			7	6		8
	2	6			1			
1				4			5	
2			6	3				
				7	2			1
	3			6				5
			9			1	8	
4		9	2			7	6	

163

					3		7	5
8		7	4		5			1
						3		
7		5	8				6	3
			2		6			
3	4				7	8		2
		9						
1			3		2	7		4
4	5		7					

164

	7					9		1
				5			3	2
		5				8		
2		1	8	7				5
			6		9			
9				4	5	3		6
		6				2		
8	9			2				
5		2					6	

165

				2			7	
	7	4	3				6	
		5		6	8	3		
7								9
			4	1	2			
6								2
		2	1	7		6		
	5				6	9	1	
	9			4				

166

	9	7				2		
1	4			2			9	
		3			6			1
			8	4				
		9				3		
				3	7			
8			7			9		
	5			6			7	2
		4				6	3	

167

				5			2	9
		3	6		7		8	
	1	9				6		3
			4				1	2
				8				
1	4				6			
2		7				8	9	
	9		5		8	2		
3	6			1				

168

7					5		4	6
	2	4	7					5
		3	9	6				4
	8						9	
4				8	7	3		
6					4	5	8	
9	1		5					7

169

	9	1						
				7	5		6	
6				4		7		
2			5				4	
3								6
	6				3			5
		8		2				3
	1		7	9				
						4	8	

170

8		4		1				
1	3							
		6	5			1	8	3
				8			4	6
	2	3				8	1	
9	4			2				
3	7	2			8	9		
							7	1
				5		3		8

171

				1				
			6		8	4		
	8		5		9			1
	3				4	6	5	
7		5				2		4
	6	2	9				8	
6			4		1		3	
		9	3		5			
				6				

172

			8	6	9	1		
8			2		1		5	
9	3		6		7			4
1		6				2		9
4			9		5		1	6
	4		5		6			8
		5	7	9	4			

173

						7	3	
4		1		5	3			
			7	2			1	
	2			7	9			5
		7				8		
5			2	1			7	
	1			4	7			
			5	8		2		1
	9	8						

174

			3			4	2	
	3			2				7
4	2	5			1			
			4			2	9	
1			5		2			6
	7	2			6			
			2			1	6	8
2				8			4	
	8	4			7			

175

8					7		3	4
3		6			4	9		8
	9					1		
7		9		4	5			
			7	8		2		9
		5					1	
9		8	1			4		3
1	6		4					7

176

			3	8		7	4	
	9		2		4	8	3	6
								2
		4			6		9	
				9				
	3		1			4		
5								
4	7	9	6		3		1	
	8	6		4	1			

177

			3			4	5	
			5	4	9		2	
5	1				7			
	6	1	9					
2				6				7
					4	8	6	
			2				3	4
	3		4	8	1			
	2	9			3			

178

3				1	8		6	
		2	6		4	1		
		3		6			1	5
	4	9		2		6	8	
6	7			5		9		
		7	2		1	8		
	6		7	4				9

179

	3		6	4				
		5						6
		9			8		3	4
2				6			8	3
		6		9		4		
8	1			5				7
3	8		9			7		
4						3		
				3	4		1	

180

	5	3	2					
	8			4				
4						2	1	
3				2	5	7		
		8	1		6	3		
		7	4	8				9
	9	5						6
				5			9	
					4	1	5	

181

					5	7		3
		8			7			
9	3			1				
		1			9	8	5	
				6				
	8	4	3			9		
				9			6	5
			2			1		
4		5	1					

182

7								
	9	2			1	5		
	5		9	3		7		
4				7	9			8
		5		8		9		
9			5	1				4
		4		9	7		1	
		1	4			6	9	
								3

183

5				7			4	3
			5		6			
		2				9		
9				8	4		3	
	6	4				1	9	
	2		6	9				7
		1				3		
			3		5			
6	5			4				9

184

							5	
	6	1	4				9	
		5		6	3	8		
				9				1
		9	6		2	5		
8				7				
		2	9	4		6		
	3				5	4	1	
	7							

185

7			8	2			6	
			4			2		7
4				7		1		9
2	4		9	3				
				6	7		1	5
1		7		8				2
5		2			6			
	6			9	2			1

186

		6			7			
					1			2
7		2	9	3			6	
5					8	2	9	
		9				1		
	4	7	2					8
	5			9	6	3		7
9			5					
			1			5		

187

1				3				
	7				4		1	
8		6		1	5		3	
					7	2		
5				2				4
		8	6					
	2		3	9		8		7
	1		4				2	
				5				3

188

		3	8	7				
	8			2		4		
	5						9	
8		9			1			
	2	6		9		3	1	
			5			9		6
	3						6	
		2		6			4	
				5	7	2		

189

	8			5				7
					4		9	5
9		5		1			6	2
	2					5		
			5	6	7			
		6					8	
4	9			2		6		3
2	3		9					
6				3			2	

190

		9	2					
4	2		1	8				
6				5			1	
1	6	3		7				8
8				9		2	3	6
	8			4				9
				1	9		8	3
					6	5		

191

5			3					8
	7		1				4	
				6		2	5	
					5			6
4	5			1			8	3
8			4					
	8	5		2				
	2				1		6	
1					9			4

192

9		3			4			
6							9	7
		1		8	2	3		
	9	5						
			2		1			
						4	8	
		6	4	2		9		
5	2							6
			5			7		2

193

1	9							
		3	9	8			2	
				3		1		4
		8		4	5		3	
	7	1				6	4	
	2		3	1		8		
8		6		9				
	1			7	8	3		
							1	8

194

		9	3	1				2
						3		4
		2		6	7			5
				2				6
		1	8		6	7		
6				4				
4			5	9		2		
1		5						
9				3	1	5		

195

3								
		1	3	2			5	
		7			9		1	
7		9			2			
2			6		5			1
			9			8		6
	1		8			5		
	3			4	1	7		
								8

196

				8				3
		5			2			
						6	7	
	3	8	5			7	6	
5			9		6			8
	9	4			7	1	2	
	4	9						
			7			9		
2				4				

197

		8		1				
6	9	1				5		
			5				8	
9				8	1			
1	8			7			6	4
			3	5				8
	7				5			
		2				8	3	5
				6		9		

198

2			6					
					1		5	2
	1			7	8		6	
3		8				2		
				4				
		6				9		7
	5		7	3			4	
1	7		9					
					5			9

199

				2		6		3
		1	9					
	2			3			5	9
	5					4		
6	4						9	1
		2					7	
2	1			9			8	
					6	7		
7		6		4				

200

				1		5	7	
				5			8	
5	8	3		9		6		
		5			2		9	
7								4
	1		4			8		
		1		7		3	2	8
	5			2				
	6	8		4				

201

	3					4		
8	9		6		7			
	2				8			6
	6					7		
		8	3		5	9		
		2					6	
3			2				9	
			7		6		5	3
		7					4	

202

7	1		4	3		5		
2						6		
8		4						9
		5	6	4			1	
			5		7			
	7			9	3	2		
3						4		6
		7						2
		2		7	4		9	5

203

	1	9			7			
3						6		
				3	9		4	
9				5		7	1	8
		7	6		1	2		
1	3	2		7				6
	7		9	4				
		8						7
			7			3	2	

204

9		4			5	6		
7	1							
		8	9	4				
	6	9	2					1
			5		3			
3					9	7	8	
				5	7	8		
							1	7
		7	8			4		2

205

						5		
		5	2	4				
3							7	9
9	8		1	2		4	5	
		7		8		9		
	5	1		9	7		2	8
8	1							4
				6	9	1		
		2						

206

1	2	7						
						7	5	
			1				3	
	7	1	3	4			8	6
		6				2		
2	8			1	5	3	7	
	6				8			
	3	2						
						5	6	3

207

3				7	8			
		9		5		6	3	7
2								
	8			2		4		
			9		5			
		7		1			9	
								9
7	2	6		4		1		
			6	8				4

208

		7			2		8	3
9				3				5
			8	4				
7					8		6	
	3			9			1	
	5		6					7
				7	3			
1				6				4
3	9		2			6		

209

4	2			1	8			
		8						2
6		5			4			
	6			4	2			7
				9				
1			5	8			4	
			2			7		6
9						1		
			8	3			5	4

210

1	8				9			
		9		6			8	
5		7			1			
2							7	
7				5				3
	1							9
			2			5		7
	3			7		2		
			6				1	4

211

	4			2	6		5	
					5			7
		5	9			2		
	2	3				6		8
			6		4			
8		6				1	9	
		7			3	9		
5			1					
	6		8	5			4	

212

	6		4	3	2			
7	4				9			
		5					9	
		4			6		8	
5		3		7		2		6
	8		2			5		
	1					8		
			9				3	7
			3	8	5		6	

213

	1			4	3			
	5	7					1	4
					7	8		5
				6		9	8	
		5				7		
	9	1		7				
8		6	9					
5	3					1	6	
			6	5			4	

214

	4				9			7
	8			6		5		2
	5		3					6
7				8				
			7		5			
				4				8
5					2		9	
8		6		9			2	
3			4				6	

215

	5	7	8			6		
			9				3	
				6				5
1	3					2	8	
		6	3		1	5		
	8	5					4	3
5				4				
	9				8			
		3			7	4	1	

216

				4	8	7		6
					7	4	9	
			2					3
		4	6			2		
2		7				6		1
		6			9	8		
6					4			
	8	3	7					
4		2	3	8				

217

	2			3	8			1
	9			1				2
				6	7		8	
4						5		
	3	8				1	4	
		1						3
	8		1	7				
3				2			1	
7			5	8			3	

218

		7			5	9	2	6
					6		7	1
8			9					
9		3					8	
5				3				7
	1					6		2
					9			8
3	5		1					
6	4	8	2			7		

219

9			1					
		3		6		1		
				3	9		7	2
						4		5
4			5	1	2			3
6		2						
1	3		6	9				
		9		7		3		
					3			4

220

	7	4						
			4				1	9
				7	8			
8		9		6	5		2	
5				1				7
	4		9	3		6		8
			5	8				
6	2				7			
						9	3	

2 2 1

6				1		5		9
1	4	9	8					7
		3			7		1	
			9					3
				7				
4					8			
	2		7			9		
7					9	3	6	1
9		1		6				2

2 2 2

8			1				4	2
	1			3				
4		6				8		
3		2	6		8			
	4						6	
			4		5	2		1
		3				5		9
				8			7	
1	8				3			4

223

		9				7		4
	5				1		8	
3					6	2		
	2	3						9
1		6	3		9	8		7
9						3	1	
		1	2					8
	9		1				6	
7		4				1		

224

2	3			6				
		6		5			9	
		5	1					2
6		9	8	3				
	8						6	
				4	9	5		8
4					6	3		
	9			2		8		
				1			2	4

225

		1		5				6
		5	2					9
4							7	
		9	1					8
7	4			6			9	2
6					9	3		
	6							4
1					4	6		
5				9		8		

226

4	7				2			5
		5	4				2	9
	2					4		6
2				6	8			
				4				
			3	2				7
7		2					3	
1	3				7	9		
9			8				7	2

227

		9		6		3		
	6	2			3		4	
4	1				2			
						9	2	
			9		4			
	3	6						
			6				5	1
	2		8			6	9	
		7		1		8		

228

							2	
8					9	1		4
	1	5	4		2	9		
			6			7		
	3		2	9	7		5	
		6			3			
		7	1		6	8	9	
3		9	5					2
	8							

229

	4		7	2				
	8	6	4					1
2					9			
6		7	9	5		4		
		1		7	4	8		6
			3					8
8					1	2	9	
				4	2		6	

230

7							4	
		2					1	5
6			4		8	7		
					7	6	2	1
			1	5	2			
1	2	7	9					
		9	8		4			2
4	7					9		
	1							4

231

2			9	3				
		9	7					4
	8	4						
1					5		4	
7	5			4			8	3
	4		2					5
						6	7	
4					6	3		
				7	9			1

232

	2	5						
		7		2			1	
	8		4		7			2
	1		6	5	2			4
8			7	1	9		2	
6			8		1		5	
	3			7		4		
						2	7	

2
3
3

					3	7		
		9						8
3		2		4		9	5	
				8		2		4
	1	4	2		5	3	7	
2		3		9				
	2	1		5		8		3
6						5		
		5	1					

2
3
4

	4		9		3			
9								
	1	7		5				2
	2	1			6	3		
		9				1		
		3	2			9	5	
7				8		5	3	
								1
			7		5		4	

2 3 5

			5					1
		1	2				7	
				1	7	6	8	4
						1	5	
1		6				7		9
	4	9						
9	2	7	6	8				
	8				1	3		
6					2			

2 3 6

8		2		1				
	7		5					
1	6	9			3		2	
		5				1		
		7	2	9	5	3		
		8				7		
	3		6			2	7	4
					7		1	
				3		6		5

237

		5	6				9	
	6			2	9	4	5	
				5		3		
	2	7	5					
		8		9		6		
					3	1	8	
		9		6				
	8	2	3	1			6	
	1				2	8		

238

	8							
		9		3		5	2	8
7					9			
	4		6		8	7		
6	7			5			1	2
		8	7		3		5	
			2					4
8	2	4		7		1		
							8	

239

	8				7			
		6			5	4		
		1	4		2		7	6
3	1					7		
		7				6		
		9					1	3
2	7		3		4	9		
		5	9			3		
			2				8	

240

		8	9		6			3
		7	1				9	
9	6							7
			3	6				
		4	8		5	3		
				4	2			
7							3	4
	8				3	5		
6			5		7	8		

241

4	9		3	1		5		
					6		9	
		6	2	9			4	
7								
	8	1				9	3	
								4
	7			6	2	4		
	2		1					
		9		7	8		1	6

242

1					8			
4		6		5		8		
			6		3			
5			4	6				3
	2						9	
6				9	1			8
			5		9			
		8		7		3		1
			8					4

2
4
3

		8	7	4				
	2						5	
7		9		3				
3	1						7	
		7	3	2	4	1		
	8						3	9
				9		6		7
	4						8	
				1	6	4		

2
4
4

7			9		2		5	
	4		7	1		2		
	8				4			
	5							9
			1	4	7			
2							7	
			2				3	
		5		7	1		9	
	7		6		3			1

2
4
5

3		4		2			9	
	9				6			
		2			9		1	3
				7	5		2	
		7	4		2	5		
	5		9	6				
6	2		7			3		
			6				7	
	7			5		4		6

2
4
6

	7	2	6					5
	4							
		1			2			6
	6			2	1		3	
1								2
	3		4	7			8	
4			8			1		
							9	
8					5	3	2	

247

		7				9		5
3				4		2		
			8		5	3		
9					4			
	1	6				8	2	
			6					9
		4	7		2			
		1		9				4
5		8				6		

248

			9			8	2	
	8		2		1			9
	9		5					6
			7	5				
5		6				1		7
				1	9			
9					5		3	
2			1		6		8	
	7	1			2			

249

9	6		4					
		2			8	7	6	
								8
	3			9				7
		5	8		2	3		
6				3			4	
5								
	7	9	6			2		
					7		9	4

250

	4					2		
	2				9	8		
	5	9	2				1	4
			3			6		
6			7		5			8
		3			1			
9	3				7	1	8	
		1	8				4	
		4					7	

1

2	1	9	5	3	6	7	4	8
4	8	5	1	9	7	2	6	3
6	7	3	4	8	2	9	1	5
7	2	6	8	5	3	1	9	4
9	3	8	7	1	4	5	2	6
1	5	4	6	2	9	3	8	7
5	9	7	2	4	8	6	3	1
3	4	1	9	6	5	8	7	2
8	6	2	3	7	1	4	5	9

2

9	8	5	4	6	2	3	1	7
4	3	6	5	1	7	2	8	9
2	1	7	8	9	3	5	4	6
6	2	8	9	3	4	1	7	5
5	7	9	6	2	1	4	3	8
3	4	1	7	5	8	6	9	2
7	5	3	2	4	9	8	6	1
1	9	2	3	8	6	7	5	4
8	6	4	1	7	5	9	2	3

3

1	3	6	8	4	5	2	7	9
2	5	9	1	6	7	4	8	3
4	8	7	3	9	2	1	5	6
9	4	2	7	5	6	8	3	1
5	1	3	2	8	9	7	6	4
6	7	8	4	1	3	5	9	2
3	6	4	5	2	8	9	1	7
8	9	1	6	7	4	3	2	5
7	2	5	9	3	1	6	4	8

4

4	6	3	2	5	9	8	7	1
5	1	2	3	7	8	6	9	4
7	8	9	1	4	6	3	2	5
2	9	8	6	3	1	5	4	7
1	3	4	5	2	7	9	8	6
6	5	7	9	8	4	2	1	3
3	2	1	7	9	5	4	6	8
8	7	5	4	6	2	1	3	9
9	4	6	8	1	3	7	5	2

5

8	6	9	4	7	2	5	3	1
5	1	3	6	8	9	2	4	7
4	7	2	1	5	3	6	8	9
1	5	4	2	9	7	8	6	3
3	9	7	8	6	4	1	5	2
2	8	6	3	1	5	9	7	4
9	2	5	7	4	8	3	1	6
7	3	1	5	2	6	4	9	8
6	4	8	9	3	1	7	2	5

6

7	3	4	9	5	6	2	8	1
1	5	9	7	8	2	4	6	3
2	8	6	4	3	1	5	7	9
9	2	3	1	4	7	6	5	8
5	7	1	2	6	8	3	9	4
6	4	8	3	9	5	7	1	2
8	9	2	5	7	3	1	4	6
4	1	5	6	2	9	8	3	7
3	6	7	8	1	4	9	2	5

7

6	5	4	9	3	1	8	2	7
1	3	2	4	8	7	9	5	6
7	8	9	2	6	5	3	1	4
3	7	5	8	2	9	4	6	1
8	2	6	7	1	4	5	3	9
4	9	1	3	5	6	2	7	8
9	1	8	5	7	3	6	4	2
5	4	7	6	9	2	1	8	3
2	6	3	1	4	8	7	9	5

8

7	5	6	4	1	3	8	2	9
1	4	3	9	2	8	6	5	7
9	2	8	7	6	5	1	4	3
8	6	5	2	4	9	3	7	1
3	1	4	8	5	7	2	9	6
2	7	9	6	3	1	4	8	5
6	3	7	5	8	2	9	1	4
4	9	2	1	7	6	5	3	8
5	8	1	3	9	4	7	6	2

9

5	1	7	3	9	6	8	2	4
6	9	4	8	1	2	5	7	3
8	3	2	5	7	4	9	6	1
4	2	3	6	5	8	1	9	7
1	6	8	7	4	9	2	3	5
7	5	9	1	2	3	6	4	8
2	7	5	4	6	1	3	8	9
9	8	1	2	3	7	4	5	6
3	4	6	9	8	5	7	1	2

10

6	4	2	7	9	8	5	1	3
8	3	7	2	1	5	9	6	4
5	9	1	6	3	4	2	8	7
7	6	3	1	5	9	8	4	2
1	5	9	4	8	2	7	3	6
2	8	4	3	7	6	1	5	9
4	2	5	9	6	1	3	7	8
3	1	6	8	2	7	4	9	5
9	7	8	5	4	3	6	2	1

11

7	6	9	3	4	5	2	1	8
8	4	2	1	7	9	3	5	6
5	3	1	6	2	8	4	9	7
3	5	7	8	9	2	6	4	1
6	2	8	5	1	4	7	3	9
9	1	4	7	6	3	8	2	5
2	8	3	9	5	7	1	6	4
1	7	5	4	3	6	9	8	2
4	9	6	2	8	1	5	7	3

12

9	6	5	8	4	3	7	1	2
2	4	3	9	7	1	8	5	6
7	8	1	2	6	5	9	3	4
6	9	2	1	5	8	3	4	7
1	7	8	4	3	6	2	9	5
5	3	4	7	9	2	6	8	1
8	2	6	5	1	9	4	7	3
3	1	7	6	8	4	5	2	9
4	5	9	3	2	7	1	6	8

13

9	6	4	7	8	5	1	2	3
8	7	1	3	4	2	5	9	6
3	5	2	9	1	6	4	7	8
2	3	5	1	7	4	6	8	9
4	8	9	5	6	3	7	1	2
7	1	6	2	9	8	3	4	5
6	2	7	4	5	9	8	3	1
1	9	8	6	3	7	2	5	4
5	4	3	8	2	1	9	6	7

14

1	6	4	9	5	2	8	3	7
9	3	5	4	8	7	1	6	2
7	2	8	6	1	3	5	9	4
8	9	7	1	2	5	6	4	3
6	5	3	8	7	4	2	1	9
2	4	1	3	9	6	7	8	5
3	7	6	2	4	1	9	5	8
4	8	2	5	6	9	3	7	1
5	1	9	7	3	8	4	2	6

15

5	9	7	8	3	6	2	1	4
3	4	6	9	1	2	7	5	8
8	1	2	4	7	5	3	9	6
4	3	9	1	5	7	8	6	2
2	7	5	3	6	8	9	4	1
6	8	1	2	9	4	5	7	3
7	6	4	5	8	3	1	2	9
9	5	3	6	2	1	4	8	7
1	2	8	7	4	9	6	3	5

16

2	3	7	9	6	1	4	5	8
8	6	4	2	3	5	7	1	9
9	5	1	8	7	4	3	6	2
6	9	5	3	8	7	1	2	4
3	1	8	6	4	2	9	7	5
4	7	2	5	1	9	6	8	3
5	4	6	7	9	8	2	3	1
1	8	3	4	2	6	5	9	7
7	2	9	1	5	3	8	4	6

17

7	5	8	6	9	1	3	4	2
4	6	9	2	8	3	7	1	5
2	3	1	4	5	7	8	6	9
6	9	2	5	4	8	1	3	7
3	8	5	1	7	6	2	9	4
1	7	4	3	2	9	5	8	6
9	1	6	7	3	5	4	2	8
8	4	7	9	1	2	6	5	3
5	2	3	8	6	4	9	7	1

18

8	3	5	6	9	7	1	2	4
2	4	7	1	3	8	5	6	9
9	1	6	2	4	5	3	7	8
7	9	3	8	6	4	2	5	1
5	2	4	9	1	3	7	8	6
6	8	1	5	7	2	4	9	3
4	5	2	3	8	9	6	1	7
1	7	9	4	5	6	8	3	2
3	6	8	7	2	1	9	4	5

19

9	1	5	8	6	4	3	2	7
6	2	8	7	5	3	4	1	9
7	4	3	2	1	9	5	8	6
1	6	9	3	8	2	7	4	5
3	7	4	5	9	1	8	6	2
5	8	2	6	4	7	1	9	3
2	5	6	4	3	8	9	7	1
4	3	1	9	7	6	2	5	8
8	9	7	1	2	5	6	3	4

20

1	2	8	3	5	7	9	4	6
9	6	7	8	2	4	5	1	3
5	3	4	1	9	6	7	2	8
6	4	5	9	3	8	1	7	2
3	9	1	4	7	2	8	6	5
8	7	2	5	6	1	3	9	4
7	8	6	2	1	5	4	3	9
4	1	3	6	8	9	2	5	7
2	5	9	7	4	3	6	8	1

21

6	4	2	5	3	8	1	9	7
8	7	3	4	9	1	5	6	2
1	9	5	6	2	7	4	8	3
7	3	1	8	5	6	9	2	4
5	6	4	2	1	9	3	7	8
9	2	8	3	7	4	6	1	5
4	1	9	7	8	5	2	3	6
2	8	6	1	4	3	7	5	9
3	5	7	9	6	2	8	4	1

22

8	5	2	6	7	4	3	9	1
7	9	4	2	3	1	8	6	5
3	1	6	5	9	8	2	7	4
6	7	1	9	5	2	4	3	8
9	3	5	8	4	6	7	1	2
2	4	8	3	1	7	9	5	6
5	2	7	1	8	3	6	4	9
1	6	3	4	2	9	5	8	7
4	8	9	7	6	5	1	2	3

23

7	9	5	3	8	4	6	2	1
8	2	6	1	7	5	4	9	3
1	3	4	6	9	2	5	7	8
3	1	8	4	6	9	2	5	7
5	7	9	2	1	3	8	4	6
4	6	2	8	5	7	3	1	9
9	4	1	5	3	8	7	6	2
6	5	3	7	2	1	9	8	4
2	8	7	9	4	6	1	3	5

24

1	9	8	2	3	4	6	7	5
3	2	7	1	6	5	8	9	4
5	6	4	8	7	9	2	1	3
6	7	2	3	9	8	5	4	1
9	8	3	4	5	1	7	2	6
4	5	1	6	2	7	9	3	8
8	1	9	5	4	2	3	6	7
7	3	5	9	1	6	4	8	2
2	4	6	7	8	3	1	5	9

25

7	5	4	6	8	1	9	2	3
9	1	8	4	3	2	6	5	7
3	2	6	7	9	5	4	1	8
6	3	9	5	2	4	7	8	1
4	8	1	3	6	7	5	9	2
2	7	5	8	1	9	3	4	6
1	9	3	2	4	6	8	7	5
8	4	7	1	5	3	2	6	9
5	6	2	9	7	8	1	3	4

26

4	6	1	9	8	7	2	3	5
7	8	5	1	3	2	9	6	4
9	2	3	5	4	6	1	8	7
2	9	7	4	1	3	6	5	8
3	4	8	6	9	5	7	1	2
5	1	6	2	7	8	4	9	3
1	3	9	7	5	4	8	2	6
6	5	4	8	2	1	3	7	9
8	7	2	3	6	9	5	4	1

27

4	6	2	1	3	7	9	8	5
1	3	7	9	8	5	2	6	4
5	8	9	4	6	2	7	1	3
3	2	1	8	7	9	4	5	6
9	7	4	3	5	6	1	2	8
6	5	8	2	4	1	3	7	9
7	9	5	6	1	3	8	4	2
8	1	3	5	2	4	6	9	7
2	4	6	7	9	8	5	3	1

28

1	3	8	5	4	7	2	9	6
2	4	9	1	8	6	5	7	3
7	5	6	2	3	9	8	4	1
5	8	1	4	9	2	3	6	7
9	7	4	6	5	3	1	2	8
6	2	3	7	1	8	4	5	9
4	9	2	8	6	1	7	3	5
8	6	7	3	2	5	9	1	4
3	1	5	9	7	4	6	8	2

29

4	6	3	1	2	8	9	7	5
9	5	7	6	4	3	1	8	2
8	1	2	5	7	9	3	6	4
1	8	9	7	3	4	5	2	6
6	3	5	2	8	1	4	9	7
7	2	4	9	6	5	8	3	1
3	9	6	4	1	7	2	5	8
5	7	1	8	9	2	6	4	3
2	4	8	3	5	6	7	1	9

30

2	5	4	8	3	7	9	1	6
6	3	1	4	5	9	2	7	8
9	8	7	6	1	2	4	3	5
1	6	8	3	2	5	7	4	9
3	2	9	7	8	4	5	6	1
7	4	5	9	6	1	3	8	2
5	9	3	1	4	8	6	2	7
8	7	6	2	9	3	1	5	4
4	1	2	5	7	6	8	9	3

31

8	4	1	2	3	7	9	6	5
3	9	7	5	6	1	4	2	8
5	2	6	8	9	4	1	7	3
2	1	4	6	8	5	7	3	9
9	3	5	4	7	2	8	1	6
7	6	8	3	1	9	2	5	4
4	8	2	1	5	3	6	9	7
6	5	9	7	2	8	3	4	1
1	7	3	9	4	6	5	8	2

32

3	6	7	8	4	9	2	1	5
9	8	5	7	2	1	3	6	4
2	4	1	3	5	6	9	7	8
5	2	9	4	1	3	7	8	6
7	1	4	2	6	8	5	3	9
6	3	8	9	7	5	4	2	1
8	7	2	6	9	4	1	5	3
1	9	3	5	8	7	6	4	2
4	5	6	1	3	2	8	9	7

33

3	2	8	1	5	9	7	4	6
1	7	6	2	4	3	9	8	5
9	5	4	6	7	8	3	2	1
2	4	7	8	6	1	5	3	9
6	8	1	9	3	5	2	7	4
5	3	9	7	2	4	6	1	8
8	6	5	3	1	7	4	9	2
4	1	3	5	9	2	8	6	7
7	9	2	4	8	6	1	5	3

34

5	7	8	3	6	1	4	2	9
3	2	9	4	5	8	6	1	7
6	1	4	9	7	2	8	5	3
2	9	6	1	4	7	5	3	8
7	8	5	2	3	6	9	4	1
4	3	1	5	8	9	2	7	6
8	6	2	7	1	5	3	9	4
9	4	7	6	2	3	1	8	5
1	5	3	8	9	4	7	6	2

35

4	9	7	6	1	5	2	8	3
3	6	1	4	2	8	7	5	9
2	5	8	3	7	9	4	1	6
8	1	6	9	5	4	3	7	2
7	3	9	8	6	2	5	4	1
5	4	2	1	3	7	6	9	8
6	2	4	5	9	1	8	3	7
9	8	3	7	4	6	1	2	5
1	7	5	2	8	3	9	6	4

36

4	5	8	2	1	9	6	3	7
1	3	2	8	6	7	9	4	5
6	7	9	5	4	3	1	8	2
2	9	6	3	7	4	8	5	1
8	1	3	9	2	5	4	7	6
5	4	7	1	8	6	2	9	3
9	2	1	7	5	8	3	6	4
3	6	5	4	9	1	7	2	8
7	8	4	6	3	2	5	1	9

37

2	8	1	4	3	9	5	6	7
3	6	5	2	1	7	4	9	8
4	7	9	5	8	6	2	1	3
8	9	4	1	2	3	7	5	6
5	1	7	6	9	8	3	4	2
6	3	2	7	4	5	1	8	9
1	5	3	9	6	2	8	7	4
9	4	8	3	7	1	6	2	5
7	2	6	8	5	4	9	3	1

38

1	9	5	3	7	6	8	4	2
7	2	4	9	5	8	3	1	6
6	3	8	1	2	4	5	7	9
4	5	2	6	9	3	7	8	1
9	1	7	5	8	2	6	3	4
3	8	6	4	1	7	9	2	5
8	6	3	2	4	5	1	9	7
2	7	9	8	6	1	4	5	3
5	4	1	7	3	9	2	6	8

39

4	7	1	9	6	3	8	2	5
5	2	6	4	8	7	3	9	1
3	8	9	1	2	5	6	4	7
8	5	2	3	4	9	7	1	6
1	4	3	2	7	6	5	8	9
9	6	7	8	5	1	4	3	2
6	1	4	7	9	8	2	5	3
7	3	8	5	1	2	9	6	4
2	9	5	6	3	4	1	7	8

40

8	4	3	5	2	6	1	9	7
2	9	1	4	8	7	6	5	3
7	5	6	1	9	3	2	4	8
6	2	5	8	4	1	7	3	9
9	3	4	6	7	5	8	2	1
1	7	8	9	3	2	5	6	4
3	8	2	7	5	9	4	1	6
5	1	7	3	6	4	9	8	2
4	6	9	2	1	8	3	7	5

41

1	9	6	2	3	5	7	8	4
7	4	3	1	9	8	2	6	5
8	2	5	4	7	6	9	1	3
3	1	8	5	2	9	6	4	7
6	5	4	7	8	1	3	9	2
2	7	9	6	4	3	8	5	1
4	3	1	8	6	2	5	7	9
5	8	2	9	1	7	4	3	6
9	6	7	3	5	4	1	2	8

42

9	4	7	5	8	6	1	3	2
1	5	6	3	4	2	9	7	8
2	3	8	1	7	9	4	6	5
6	7	9	2	1	8	3	5	4
5	2	1	9	3	4	6	8	7
3	8	4	7	6	5	2	1	9
7	9	2	6	5	1	8	4	3
4	1	5	8	2	3	7	9	6
8	6	3	4	9	7	5	2	1

43

7	6	5	2	4	3	9	8	1
9	3	1	5	8	7	4	2	6
4	2	8	9	1	6	5	3	7
1	9	6	3	7	8	2	4	5
2	7	4	6	9	5	8	1	3
5	8	3	4	2	1	7	6	9
3	4	7	1	5	2	6	9	8
6	5	2	8	3	9	1	7	4
8	1	9	7	6	4	3	5	2

44

6	2	9	3	7	5	8	1	4
8	4	3	2	9	1	5	6	7
5	1	7	6	4	8	9	2	3
3	5	6	1	8	7	4	9	2
9	7	1	5	2	4	3	8	6
4	8	2	9	6	3	1	7	5
2	3	5	7	1	9	6	4	8
1	6	8	4	3	2	7	5	9
7	9	4	8	5	6	2	3	1

45

8	5	7	3	2	1	9	6	4
2	9	6	7	4	8	5	3	1
1	4	3	5	9	6	7	8	2
7	3	8	2	5	4	1	9	6
4	2	9	6	1	3	8	5	7
6	1	5	9	8	7	4	2	3
3	6	1	8	7	9	2	4	5
5	8	4	1	6	2	3	7	9
9	7	2	4	3	5	6	1	8

46

3	9	2	6	5	7	8	4	1
6	1	7	8	3	4	9	2	5
5	4	8	1	9	2	7	6	3
4	6	5	3	7	9	1	8	2
2	3	1	5	8	6	4	9	7
7	8	9	4	2	1	3	5	6
8	2	6	7	4	3	5	1	9
9	5	3	2	1	8	6	7	4
1	7	4	9	6	5	2	3	8

47

7	4	2	8	1	5	6	9	3
1	6	9	2	3	7	5	4	8
5	8	3	4	9	6	1	7	2
9	3	1	5	7	2	4	8	6
8	7	6	3	4	1	9	2	5
2	5	4	9	6	8	3	1	7
6	1	8	7	5	4	2	3	9
4	9	7	6	2	3	8	5	1
3	2	5	1	8	9	7	6	4

48

5	3	9	6	1	2	4	8	7
6	4	7	3	8	5	1	9	2
1	8	2	4	9	7	5	6	3
7	6	3	5	4	1	9	2	8
2	9	1	8	7	3	6	5	4
4	5	8	9	2	6	3	7	1
3	7	6	1	5	8	2	4	9
8	1	4	2	6	9	7	3	5
9	2	5	7	3	4	8	1	6

49

9	5	3	6	4	2	7	8	1
1	6	2	9	7	8	3	5	4
4	7	8	5	3	1	2	9	6
6	2	4	1	9	5	8	7	3
7	9	1	2	8	3	4	6	5
3	8	5	4	6	7	9	1	2
8	4	6	3	5	9	1	2	7
5	1	7	8	2	4	6	3	9
2	3	9	7	1	6	5	4	8

50

6	8	3	7	4	5	9	1	2
4	5	2	6	1	9	7	3	8
1	7	9	8	2	3	6	5	4
8	2	5	1	3	6	4	7	9
7	3	1	2	9	4	5	8	6
9	6	4	5	8	7	1	2	3
2	9	6	3	5	1	8	4	7
3	1	7	4	6	8	2	9	5
5	4	8	9	7	2	3	6	1

51

6	5	9	4	1	7	2	8	3
3	2	8	9	6	5	7	1	4
7	4	1	3	2	8	9	5	6
5	8	7	6	9	1	4	3	2
4	1	6	5	3	2	8	7	9
2	9	3	8	7	4	1	6	5
9	6	4	1	8	3	5	2	7
1	7	5	2	4	6	3	9	8
8	3	2	7	5	9	6	4	1

52

8	6	9	2	4	7	1	3	5
1	5	4	3	9	6	2	7	8
2	3	7	5	8	1	4	9	6
5	2	1	4	7	3	6	8	9
4	9	6	8	2	5	3	1	7
7	8	3	6	1	9	5	4	2
3	7	8	1	5	2	9	6	4
9	1	5	7	6	4	8	2	3
6	4	2	9	3	8	7	5	1

53

4	7	6	9	2	5	1	8	3
9	3	8	6	1	7	2	5	4
5	1	2	3	8	4	6	9	7
7	2	4	1	3	9	8	6	5
3	6	9	8	5	2	7	4	1
8	5	1	7	4	6	9	3	2
2	9	5	4	7	8	3	1	6
1	8	7	5	6	3	4	2	9
6	4	3	2	9	1	5	7	8

54

5	9	7	1	4	3	2	6	8
6	1	8	9	7	2	4	5	3
4	2	3	6	5	8	7	9	1
8	3	1	5	6	4	9	2	7
2	4	6	7	3	9	8	1	5
9	7	5	8	2	1	3	4	6
3	6	4	2	8	5	1	7	9
7	8	9	4	1	6	5	3	2
1	5	2	3	9	7	6	8	4

55

1	6	5	9	2	3	4	8	7
4	9	2	6	7	8	5	3	1
7	8	3	5	1	4	6	2	9
8	2	6	4	9	1	3	7	5
9	3	1	7	8	5	2	4	6
5	7	4	3	6	2	1	9	8
6	5	7	2	3	9	8	1	4
3	4	8	1	5	7	9	6	2
2	1	9	8	4	6	7	5	3

56

4	2	1	8	5	3	9	6	7
3	9	7	6	2	4	5	8	1
8	6	5	1	9	7	2	4	3
5	8	3	7	6	9	1	2	4
2	4	6	3	8	1	7	5	9
7	1	9	2	4	5	6	3	8
9	3	8	5	7	6	4	1	2
6	7	2	4	1	8	3	9	5
1	5	4	9	3	2	8	7	6

57

7	8	4	1	6	3	2	9	5
6	1	9	8	2	5	3	4	7
2	5	3	4	7	9	6	8	1
8	6	5	9	1	4	7	2	3
4	7	2	3	8	6	1	5	9
3	9	1	7	5	2	4	6	8
5	2	7	6	3	8	9	1	4
1	4	8	2	9	7	5	3	6
9	3	6	5	4	1	8	7	2

58

7	5	1	9	8	3	2	4	6
8	9	4	5	6	2	3	7	1
6	2	3	4	7	1	5	9	8
2	3	7	1	5	6	4	8	9
1	4	9	2	3	8	6	5	7
5	6	8	7	9	4	1	2	3
3	8	2	6	4	9	7	1	5
4	7	6	8	1	5	9	3	2
9	1	5	3	2	7	8	6	4

59

9	6	4	3	5	8	1	7	2
8	2	1	4	9	7	3	5	6
7	3	5	2	1	6	4	9	8
3	9	6	5	8	4	2	1	7
1	7	8	6	2	3	5	4	9
5	4	2	1	7	9	6	8	3
4	8	3	9	6	1	7	2	5
6	5	7	8	4	2	9	3	1
2	1	9	7	3	5	8	6	4

60

5	3	1	8	4	7	2	9	6
9	2	7	5	3	6	8	1	4
6	8	4	2	9	1	3	7	5
1	5	3	7	2	8	4	6	9
4	6	2	1	5	9	7	3	8
8	7	9	3	6	4	5	2	1
3	4	8	9	1	2	6	5	7
7	9	5	6	8	3	1	4	2
2	1	6	4	7	5	9	8	3

61

3	4	2	5	7	9	1	6	8
1	5	7	2	8	6	9	4	3
6	8	9	4	3	1	7	5	2
2	1	3	8	6	7	5	9	4
9	6	8	1	5	4	2	3	7
5	7	4	3	9	2	6	8	1
7	3	5	9	1	8	4	2	6
4	9	1	6	2	3	8	7	5
8	2	6	7	4	5	3	1	9

62

7	6	9	4	2	8	5	1	3
3	8	2	6	5	1	9	4	7
4	1	5	7	3	9	8	2	6
5	9	4	8	1	7	3	6	2
8	3	1	9	6	2	7	5	4
2	7	6	5	4	3	1	9	8
9	2	8	1	7	6	4	3	5
6	5	7	3	9	4	2	8	1
1	4	3	2	8	5	6	7	9

63

2	9	7	4	3	5	8	1	6
4	8	6	7	2	1	5	3	9
3	1	5	6	8	9	7	4	2
6	2	3	1	9	7	4	8	5
1	5	4	8	6	3	2	9	7
8	7	9	2	5	4	3	6	1
7	3	2	9	1	8	6	5	4
9	6	8	5	4	2	1	7	3
5	4	1	3	7	6	9	2	8

64

3	8	7	4	2	6	1	9	5
4	1	6	7	9	5	2	8	3
2	5	9	8	3	1	4	6	7
9	2	1	5	6	7	8	3	4
6	4	8	3	1	9	5	7	2
5	7	3	2	4	8	9	1	6
7	9	2	6	8	4	3	5	1
1	6	4	9	5	3	7	2	8
8	3	5	1	7	2	6	4	9

65

2	8	9	6	1	3	7	5	4
6	4	1	2	5	7	3	9	8
5	3	7	8	9	4	6	1	2
8	1	2	5	4	6	9	7	3
3	7	6	1	8	9	2	4	5
9	5	4	7	3	2	1	8	6
7	2	5	4	6	1	8	3	9
1	9	8	3	2	5	4	6	7
4	6	3	9	7	8	5	2	1

66

6	9	2	8	1	3	4	5	7
1	7	8	4	2	5	9	6	3
4	3	5	6	9	7	8	1	2
9	6	7	5	8	1	3	2	4
3	5	4	2	7	6	1	9	8
2	8	1	9	3	4	5	7	6
7	4	6	1	5	8	2	3	9
5	2	3	7	4	9	6	8	1
8	1	9	3	6	2	7	4	5

67

8	3	5	4	2	1	6	7	9
7	1	2	6	5	9	3	4	8
9	4	6	8	7	3	5	1	2
3	9	4	1	8	5	7	2	6
6	7	1	3	4	2	9	8	5
2	5	8	7	9	6	1	3	4
1	2	7	9	6	8	4	5	3
5	6	3	2	1	4	8	9	7
4	8	9	5	3	7	2	6	1

68

9	3	5	4	7	2	1	6	8
1	4	2	9	8	6	5	7	3
6	8	7	5	3	1	9	4	2
5	6	9	1	4	8	3	2	7
7	2	8	6	5	3	4	9	1
4	1	3	2	9	7	6	8	5
2	7	4	3	6	5	8	1	9
3	9	1	8	2	4	7	5	6
8	5	6	7	1	9	2	3	4

69

1	3	8	2	4	6	9	7	5
7	4	2	9	3	5	1	6	8
9	6	5	8	7	1	4	2	3
8	5	6	1	2	4	7	3	9
2	7	9	6	8	3	5	1	4
4	1	3	7	5	9	6	8	2
6	2	7	4	9	8	3	5	1
3	9	1	5	6	2	8	4	7
5	8	4	3	1	7	2	9	6

70

3	9	4	7	1	6	8	2	5
7	2	8	3	5	9	1	4	6
1	5	6	2	4	8	7	3	9
9	6	5	8	7	3	4	1	2
2	1	3	4	6	5	9	7	8
8	4	7	1	9	2	5	6	3
4	3	9	6	8	7	2	5	1
5	7	2	9	3	1	6	8	4
6	8	1	5	2	4	3	9	7

71

9	7	6	4	2	3	8	5	1
4	2	1	6	5	8	3	7	9
3	8	5	1	7	9	4	6	2
5	1	9	2	4	6	7	3	8
6	3	7	9	8	5	2	1	4
2	4	8	7	3	1	5	9	6
7	6	3	8	1	4	9	2	5
8	9	2	5	6	7	1	4	3
1	5	4	3	9	2	6	8	7

72

5	4	1	9	6	2	3	8	7
9	7	6	8	3	4	1	2	5
3	2	8	5	1	7	9	6	4
1	3	4	6	7	9	2	5	8
8	5	2	3	4	1	6	7	9
6	9	7	2	5	8	4	1	3
2	8	5	4	9	6	7	3	1
4	1	3	7	2	5	8	9	6
7	6	9	1	8	3	5	4	2

73

1	7	4	2	6	9	5	3	8
9	8	6	3	4	5	7	1	2
3	2	5	7	8	1	6	9	4
4	5	8	6	1	3	2	7	9
2	1	3	4	9	7	8	6	5
7	6	9	5	2	8	1	4	3
8	4	1	9	5	6	3	2	7
5	3	2	1	7	4	9	8	6
6	9	7	8	3	2	4	5	1

74

9	1	6	7	5	3	8	2	4
3	2	8	1	6	4	9	7	5
5	4	7	8	9	2	3	1	6
6	5	3	9	4	7	2	8	1
1	8	9	6	2	5	7	4	3
4	7	2	3	8	1	6	5	9
8	6	4	5	7	9	1	3	2
7	3	5	2	1	6	4	9	8
2	9	1	4	3	8	5	6	7

75

7	1	4	5	2	8	9	3	6
8	2	5	3	6	9	4	7	1
6	9	3	1	4	7	8	2	5
9	5	2	4	8	3	6	1	7
3	8	6	9	7	1	2	5	4
1	4	7	2	5	6	3	8	9
4	7	1	6	3	2	5	9	8
2	6	8	7	9	5	1	4	3
5	3	9	8	1	4	7	6	2

76

9	6	5	7	4	2	8	1	3
7	4	3	1	9	8	2	6	5
1	8	2	6	3	5	4	7	9
4	1	8	9	7	6	3	5	2
3	5	6	4	2	1	7	9	8
2	7	9	5	8	3	1	4	6
8	9	7	3	5	4	6	2	1
6	2	4	8	1	9	5	3	7
5	3	1	2	6	7	9	8	4

77

8	9	5	3	4	6	1	2	7
1	6	7	5	8	2	4	9	3
3	4	2	7	1	9	8	6	5
5	3	4	9	7	8	2	1	6
9	7	8	6	2	1	5	3	4
2	1	6	4	5	3	7	8	9
6	5	1	8	3	7	9	4	2
7	2	3	1	9	4	6	5	8
4	8	9	2	6	5	3	7	1

78

5	3	9	1	4	6	7	8	2
1	6	7	8	3	2	4	5	9
2	8	4	9	5	7	3	1	6
9	5	3	4	6	1	2	7	8
4	1	6	7	2	8	5	9	3
8	7	2	5	9	3	1	6	4
7	9	1	3	8	4	6	2	5
3	2	8	6	1	5	9	4	7
6	4	5	2	7	9	8	3	1

79

9	2	3	7	1	6	4	8	5
7	1	8	9	5	4	3	6	2
4	6	5	2	8	3	1	9	7
5	3	1	6	7	2	9	4	8
2	4	9	5	3	8	7	1	6
6	8	7	4	9	1	2	5	3
3	5	4	1	6	7	8	2	9
1	7	6	8	2	9	5	3	4
8	9	2	3	4	5	6	7	1

80

4	8	5	1	7	3	6	9	2
1	7	2	6	9	5	8	4	3
9	3	6	8	4	2	7	5	1
8	4	1	2	5	9	3	6	7
6	9	3	4	8	7	1	2	5
2	5	7	3	6	1	9	8	4
7	6	4	5	1	8	2	3	9
3	1	8	9	2	4	5	7	6
5	2	9	7	3	6	4	1	8

81

3	2	5	8	7	4	9	1	6
1	6	4	2	9	5	3	8	7
9	8	7	3	6	1	4	2	5
7	4	2	6	8	3	1	5	9
5	9	3	7	1	2	6	4	8
6	1	8	4	5	9	2	7	3
8	5	9	1	4	6	7	3	2
4	3	6	5	2	7	8	9	1
2	7	1	9	3	8	5	6	4

82

1	7	5	9	8	2	6	3	4
9	6	8	5	4	3	7	1	2
2	4	3	1	7	6	8	5	9
3	9	6	4	2	8	1	7	5
8	5	2	6	1	7	9	4	3
4	1	7	3	5	9	2	6	8
6	8	4	2	3	1	5	9	7
7	3	9	8	6	5	4	2	1
5	2	1	7	9	4	3	8	6

83

9	1	4	8	5	3	2	7	6
2	6	3	7	4	1	8	5	9
5	7	8	2	6	9	3	4	1
8	5	2	1	9	4	6	3	7
4	3	6	5	2	7	9	1	8
1	9	7	3	8	6	4	2	5
6	4	1	9	3	5	7	8	2
3	2	5	6	7	8	1	9	4
7	8	9	4	1	2	5	6	3

84

9	4	7	8	2	5	6	1	3
6	1	3	7	4	9	8	5	2
2	5	8	6	3	1	7	4	9
3	6	1	5	8	4	9	2	7
7	8	4	2	9	6	5	3	1
5	2	9	3	1	7	4	8	6
1	3	6	4	7	8	2	9	5
4	7	2	9	5	3	1	6	8
8	9	5	1	6	2	3	7	4

85

6	3	4	5	9	2	8	7	1
8	5	7	1	4	3	9	6	2
9	2	1	7	8	6	3	5	4
5	6	9	8	2	7	4	1	3
1	7	3	9	5	4	6	2	8
4	8	2	3	6	1	5	9	7
7	9	8	4	1	5	2	3	6
2	1	5	6	3	8	7	4	9
3	4	6	2	7	9	1	8	5

86

8	4	5	9	7	2	6	1	3
1	9	6	8	3	5	2	4	7
2	7	3	1	6	4	5	8	9
7	3	4	5	2	1	9	6	8
5	6	1	3	8	9	4	7	2
9	8	2	6	4	7	3	5	1
4	1	7	2	5	3	8	9	6
3	5	8	7	9	6	1	2	4
6	2	9	4	1	8	7	3	5

87

1	2	9	6	5	3	7	4	8
3	5	7	9	8	4	6	1	2
6	8	4	7	1	2	5	3	9
9	3	6	1	2	7	4	8	5
8	1	2	5	4	9	3	7	6
7	4	5	8	3	6	9	2	1
4	9	8	3	6	1	2	5	7
5	7	3	2	9	8	1	6	4
2	6	1	4	7	5	8	9	3

88

7	4	3	2	5	9	6	1	8
8	2	6	7	1	3	9	4	5
5	9	1	6	8	4	2	7	3
2	6	8	9	4	7	3	5	1
3	1	4	5	2	6	8	9	7
9	5	7	1	3	8	4	6	2
4	8	9	3	7	1	5	2	6
6	7	2	8	9	5	1	3	4
1	3	5	4	6	2	7	8	9

89

4	2	5	7	6	9	1	8	3
7	9	3	5	8	1	4	2	6
8	1	6	4	2	3	9	5	7
5	8	2	1	7	4	3	6	9
1	4	9	3	5	6	8	7	2
6	3	7	8	9	2	5	1	4
9	7	8	6	3	5	2	4	1
2	6	1	9	4	8	7	3	5
3	5	4	2	1	7	6	9	8

90

4	6	7	2	3	1	5	8	9
9	3	5	7	4	8	6	2	1
2	1	8	9	6	5	4	3	7
1	4	6	5	9	2	8	7	3
3	5	9	8	7	6	2	1	4
8	7	2	3	1	4	9	5	6
6	8	4	1	2	3	7	9	5
7	2	3	4	5	9	1	6	8
5	9	1	6	8	7	3	4	2

91

9	4	3	5	7	2	8	1	6
8	7	2	4	6	1	5	3	9
5	6	1	9	8	3	7	4	2
3	9	5	2	4	6	1	7	8
2	8	4	7	1	5	9	6	3
6	1	7	3	9	8	4	2	5
1	3	6	8	5	4	2	9	7
4	5	9	6	2	7	3	8	1
7	2	8	1	3	9	6	5	4

92

4	1	9	2	7	8	3	5	6
8	6	5	9	4	3	1	2	7
7	3	2	1	5	6	8	4	9
1	4	3	5	9	2	7	6	8
2	5	6	8	1	7	9	3	4
9	7	8	6	3	4	2	1	5
6	8	4	7	2	1	5	9	3
5	2	7	3	6	9	4	8	1
3	9	1	4	8	5	6	7	2

93

7	9	1	6	2	4	3	5	8
6	8	3	1	9	5	4	7	2
2	5	4	8	7	3	9	1	6
3	1	6	9	4	8	5	2	7
4	2	9	5	1	7	8	6	3
5	7	8	2	3	6	1	9	4
9	4	7	3	5	2	6	8	1
1	6	2	4	8	9	7	3	5
8	3	5	7	6	1	2	4	9

94

5	4	1	9	8	7	6	2	3
8	9	2	1	6	3	4	5	7
7	6	3	5	4	2	8	1	9
9	2	7	3	1	6	5	4	8
3	1	4	7	5	8	9	6	2
6	5	8	2	9	4	7	3	1
4	7	6	8	3	1	2	9	5
2	3	5	4	7	9	1	8	6
1	8	9	6	2	5	3	7	4

95

6	2	5	3	1	4	9	7	8
7	1	8	5	9	6	3	4	2
3	4	9	8	2	7	5	1	6
4	7	3	2	6	8	1	9	5
1	8	2	4	5	9	6	3	7
9	5	6	7	3	1	2	8	4
8	6	1	9	7	2	4	5	3
2	3	7	1	4	5	8	6	9
5	9	4	6	8	3	7	2	1

96

1	3	4	9	5	6	2	8	7
9	6	2	1	7	8	3	5	4
5	7	8	2	3	4	6	9	1
2	8	7	3	6	5	1	4	9
4	1	3	8	9	2	7	6	5
6	5	9	7	4	1	8	2	3
7	4	6	5	2	3	9	1	8
3	2	1	4	8	9	5	7	6
8	9	5	6	1	7	4	3	2

97

3	7	5	8	4	6	1	2	9
4	8	2	5	9	1	7	3	6
1	6	9	7	3	2	4	5	8
9	2	7	6	5	8	3	4	1
6	5	1	3	2	4	9	8	7
8	3	4	9	1	7	2	6	5
2	1	8	4	7	5	6	9	3
5	4	3	1	6	9	8	7	2
7	9	6	2	8	3	5	1	4

98

4	8	9	7	2	5	1	6	3
2	3	1	6	9	4	5	7	8
7	5	6	3	1	8	9	2	4
8	9	7	5	6	2	3	4	1
3	6	5	8	4	1	2	9	7
1	2	4	9	7	3	8	5	6
6	7	2	1	8	9	4	3	5
9	1	3	4	5	6	7	8	2
5	4	8	2	3	7	6	1	9

99

3	6	9	8	2	7	4	5	1
8	7	5	9	1	4	2	3	6
4	1	2	6	3	5	7	9	8
2	5	3	4	7	8	1	6	9
9	8	7	2	6	1	5	4	3
1	4	6	3	5	9	8	7	2
6	9	4	7	8	2	3	1	5
5	3	8	1	4	6	9	2	7
7	2	1	5	9	3	6	8	4

100

7	1	8	2	6	3	9	4	5
4	6	5	1	7	9	2	8	3
2	3	9	5	4	8	7	1	6
1	2	3	6	9	7	8	5	4
6	9	4	3	8	5	1	2	7
8	5	7	4	2	1	3	6	9
3	8	1	7	5	4	6	9	2
9	4	2	8	3	6	5	7	1
5	7	6	9	1	2	4	3	8

101

4	9	6	3	7	1	5	2	8
8	5	7	6	2	4	1	9	3
3	1	2	8	5	9	4	6	7
9	3	1	5	4	8	2	7	6
7	2	8	9	1	6	3	5	4
5	6	4	2	3	7	9	8	1
2	8	3	1	6	5	7	4	9
1	7	9	4	8	2	6	3	5
6	4	5	7	9	3	8	1	2

102

2	6	1	8	9	3	4	7	5
5	9	3	7	4	6	8	1	2
8	4	7	1	5	2	3	6	9
9	3	8	6	2	5	7	4	1
7	1	5	4	3	8	9	2	6
4	2	6	9	1	7	5	8	3
6	7	9	3	8	1	2	5	4
1	5	4	2	7	9	6	3	8
3	8	2	5	6	4	1	9	7

103

4	3	6	8	1	5	9	7	2
2	9	1	3	4	7	8	5	6
8	5	7	2	6	9	1	3	4
7	2	5	1	8	4	3	6	9
3	1	9	7	5	6	4	2	8
6	4	8	9	3	2	5	1	7
5	7	4	6	9	3	2	8	1
9	8	2	5	7	1	6	4	3
1	6	3	4	2	8	7	9	5

104

6	3	2	7	1	5	4	9	8
4	7	9	3	8	2	5	1	6
5	1	8	9	6	4	3	2	7
1	4	3	5	9	6	7	8	2
8	9	5	4	2	7	6	3	1
7	2	6	1	3	8	9	4	5
3	8	1	6	7	9	2	5	4
2	6	4	8	5	3	1	7	9
9	5	7	2	4	1	8	6	3

105

6	9	5	4	8	7	2	1	3
3	8	1	5	6	2	9	7	4
4	2	7	9	3	1	8	6	5
2	4	9	1	5	6	7	3	8
5	7	3	8	9	4	6	2	1
1	6	8	7	2	3	5	4	9
9	1	4	6	7	5	3	8	2
8	3	6	2	4	9	1	5	7
7	5	2	3	1	8	4	9	6

106

7	5	9	2	4	3	8	6	1
8	3	1	9	7	6	4	2	5
6	4	2	5	1	8	3	7	9
2	1	3	6	5	9	7	8	4
5	6	8	4	3	7	1	9	2
4	9	7	8	2	1	6	5	3
9	7	4	1	6	2	5	3	8
3	8	5	7	9	4	2	1	6
1	2	6	3	8	5	9	4	7

107

7	5	3	1	9	8	2	4	6
1	8	2	6	7	4	5	9	3
4	6	9	5	3	2	8	1	7
8	7	4	3	6	1	9	2	5
3	2	1	8	5	9	7	6	4
6	9	5	4	2	7	3	8	1
5	3	8	2	4	6	1	7	9
2	4	7	9	1	5	6	3	8
9	1	6	7	8	3	4	5	2

108

1	9	7	4	6	2	5	8	3
4	6	2	5	8	3	9	7	1
8	5	3	9	1	7	6	2	4
2	7	9	3	5	1	8	4	6
5	4	1	6	2	8	7	3	9
6	3	8	7	9	4	1	5	2
7	1	5	2	4	9	3	6	8
9	2	6	8	3	5	4	1	7
3	8	4	1	7	6	2	9	5

109

2	8	9	5	4	6	3	7	1
3	5	4	9	7	1	8	6	2
1	6	7	3	8	2	4	9	5
4	3	1	6	9	7	5	2	8
8	7	2	4	1	5	6	3	9
6	9	5	2	3	8	1	4	7
9	4	8	1	2	3	7	5	6
5	1	3	7	6	9	2	8	4
7	2	6	8	5	4	9	1	3

110

2	9	1	6	5	4	3	8	7
4	7	3	8	1	2	5	9	6
8	5	6	7	3	9	1	4	2
6	4	7	2	8	1	9	3	5
5	1	9	3	6	7	8	2	4
3	2	8	4	9	5	7	6	1
1	6	2	9	7	3	4	5	8
9	8	5	1	4	6	2	7	3
7	3	4	5	2	8	6	1	9

111

5	7	3	1	4	6	8	9	2
8	9	4	7	5	2	1	6	3
1	2	6	9	8	3	4	5	7
3	1	5	6	9	4	2	7	8
7	4	2	8	3	5	6	1	9
6	8	9	2	7	1	3	4	5
9	3	8	4	1	7	5	2	6
4	6	7	5	2	8	9	3	1
2	5	1	3	6	9	7	8	4

112

3	7	4	9	8	6	5	2	1
8	1	6	7	5	2	9	3	4
2	9	5	1	4	3	6	8	7
5	3	7	8	9	1	4	6	2
4	2	1	3	6	7	8	9	5
9	6	8	4	2	5	1	7	3
6	8	2	5	7	4	3	1	9
7	4	3	6	1	9	2	5	8
1	5	9	2	3	8	7	4	6

113

4	3	6	8	5	9	2	7	1
1	8	5	7	2	6	3	9	4
2	9	7	1	3	4	6	5	8
8	7	3	2	1	5	9	4	6
6	5	4	9	7	3	8	1	2
9	1	2	6	4	8	5	3	7
5	4	1	3	6	2	7	8	9
7	6	9	5	8	1	4	2	3
3	2	8	4	9	7	1	6	5

114

2	5	7	3	9	8	4	6	1
4	3	8	6	7	1	2	5	9
9	1	6	4	2	5	8	7	3
3	2	1	8	4	7	5	9	6
8	9	5	1	3	6	7	2	4
6	7	4	2	5	9	1	3	8
7	8	2	9	1	3	6	4	5
1	4	3	5	6	2	9	8	7
5	6	9	7	8	4	3	1	2

115

3	6	5	9	1	7	8	2	4
2	8	9	3	6	4	5	1	7
7	4	1	5	8	2	3	6	9
8	5	4	1	7	6	9	3	2
1	7	6	2	9	3	4	5	8
9	3	2	4	5	8	6	7	1
5	1	7	8	3	9	2	4	6
6	2	8	7	4	5	1	9	3
4	9	3	6	2	1	7	8	5

116

4	6	9	7	5	2	3	8	1
5	2	7	8	3	1	6	4	9
1	8	3	4	6	9	5	7	2
3	4	6	1	8	5	2	9	7
9	7	2	6	4	3	1	5	8
8	5	1	2	9	7	4	3	6
2	9	8	3	1	4	7	6	5
7	3	5	9	2	6	8	1	4
6	1	4	5	7	8	9	2	3

117

5	7	4	1	3	9	6	8	2
6	9	8	4	2	7	1	5	3
1	2	3	6	8	5	7	9	4
3	5	6	7	4	2	9	1	8
7	8	9	5	1	3	4	2	6
2	4	1	8	9	6	3	7	5
4	3	5	9	7	8	2	6	1
9	6	2	3	5	1	8	4	7
8	1	7	2	6	4	5	3	9

118

6	3	2	9	8	1	4	5	7
7	5	4	2	3	6	8	1	9
9	1	8	4	5	7	2	6	3
4	2	1	6	7	3	5	9	8
8	6	9	5	4	2	7	3	1
5	7	3	1	9	8	6	2	4
2	9	5	8	1	4	3	7	6
1	8	7	3	6	5	9	4	2
3	4	6	7	2	9	1	8	5

119

8	9	5	2	6	3	4	1	7
3	2	6	4	7	1	5	8	9
7	4	1	9	5	8	6	2	3
9	5	4	3	8	6	2	7	1
2	1	7	5	9	4	8	3	6
6	8	3	1	2	7	9	4	5
5	3	2	7	4	9	1	6	8
1	6	9	8	3	2	7	5	4
4	7	8	6	1	5	3	9	2

120

3	1	7	8	5	6	4	9	2
2	5	9	7	1	4	8	3	6
8	6	4	2	3	9	7	1	5
6	7	3	1	8	2	9	5	4
4	8	2	6	9	5	1	7	3
5	9	1	4	7	3	2	6	8
9	4	6	5	2	1	3	8	7
7	3	5	9	4	8	6	2	1
1	2	8	3	6	7	5	4	9

121

4	6	7	9	2	8	3	1	5
8	2	3	5	7	1	6	4	9
9	5	1	4	3	6	2	8	7
5	9	6	2	1	7	4	3	8
3	4	2	6	8	9	5	7	1
7	1	8	3	5	4	9	2	6
2	7	9	1	6	3	8	5	4
6	8	5	7	4	2	1	9	3
1	3	4	8	9	5	7	6	2

122

1	9	8	6	3	2	7	5	4
5	4	2	1	9	7	6	8	3
3	6	7	8	5	4	9	1	2
9	8	1	5	2	6	4	3	7
7	3	4	9	8	1	5	2	6
2	5	6	4	7	3	1	9	8
8	1	3	7	4	5	2	6	9
4	2	5	3	6	9	8	7	1
6	7	9	2	1	8	3	4	5

123

5	2	4	8	6	1	3	7	9
8	7	1	4	3	9	2	6	5
9	3	6	2	7	5	8	1	4
2	9	3	6	5	4	1	8	7
6	4	7	3	1	8	9	5	2
1	8	5	7	9	2	4	3	6
3	5	8	9	2	6	7	4	1
7	1	9	5	4	3	6	2	8
4	6	2	1	8	7	5	9	3

124

9	3	7	8	6	5	1	2	4
2	8	6	3	1	4	9	7	5
1	4	5	2	9	7	3	6	8
6	1	4	5	8	2	7	9	3
7	2	9	4	3	6	5	8	1
8	5	3	9	7	1	6	4	2
3	6	2	7	5	8	4	1	9
4	9	1	6	2	3	8	5	7
5	7	8	1	4	9	2	3	6

125

8	4	1	6	5	2	3	7	9
9	6	7	4	8	3	2	5	1
5	2	3	1	7	9	8	6	4
3	5	2	9	1	4	6	8	7
1	8	4	2	6	7	5	9	3
6	7	9	8	3	5	4	1	2
4	9	6	7	2	8	1	3	5
2	3	8	5	9	1	7	4	6
7	1	5	3	4	6	9	2	8

126

5	6	3	8	4	7	1	9	2
9	8	4	2	3	1	7	6	5
1	2	7	6	9	5	8	3	4
8	9	6	5	2	4	3	1	7
7	3	5	9	1	6	2	4	8
4	1	2	7	8	3	9	5	6
6	4	9	3	7	2	5	8	1
3	7	1	4	5	8	6	2	9
2	5	8	1	6	9	4	7	3

127

8	3	9	6	5	7	2	1	4
4	7	1	9	2	3	8	6	5
6	5	2	4	1	8	3	7	9
2	6	7	1	3	4	5	9	8
5	4	8	7	6	9	1	3	2
9	1	3	5	8	2	6	4	7
7	2	5	3	9	6	4	8	1
1	9	6	8	4	5	7	2	3
3	8	4	2	7	1	9	5	6

128

6	7	1	4	5	8	9	2	3
3	2	5	9	6	7	4	1	8
8	4	9	2	3	1	5	7	6
5	1	7	6	9	2	3	8	4
4	9	3	7	8	5	1	6	2
2	8	6	1	4	3	7	5	9
9	5	8	3	7	6	2	4	1
7	3	2	8	1	4	6	9	5
1	6	4	5	2	9	8	3	7

129

9	1	6	3	7	4	5	8	2
3	4	5	1	2	8	7	9	6
2	7	8	6	5	9	4	3	1
8	3	4	5	1	7	6	2	9
5	2	9	8	4	6	1	7	3
7	6	1	9	3	2	8	4	5
1	9	3	4	8	5	2	6	7
4	5	7	2	6	3	9	1	8
6	8	2	7	9	1	3	5	4

130

5	1	6	2	3	9	7	8	4
7	3	2	8	6	4	5	9	1
8	4	9	5	1	7	2	3	6
9	2	4	7	5	6	3	1	8
6	5	1	4	8	3	9	2	7
3	7	8	9	2	1	4	6	5
1	6	5	3	4	2	8	7	9
4	9	3	6	7	8	1	5	2
2	8	7	1	9	5	6	4	3

131

4	2	6	7	1	9	5	8	3
3	8	5	2	4	6	9	1	7
9	1	7	8	5	3	6	2	4
6	4	3	5	8	1	7	9	2
5	9	2	3	7	4	1	6	8
1	7	8	6	9	2	4	3	5
8	3	9	4	6	5	2	7	1
7	5	1	9	2	8	3	4	6
2	6	4	1	3	7	8	5	9

132

2	5	7	8	9	4	1	3	6
9	1	8	6	5	3	7	2	4
3	6	4	1	2	7	9	5	8
8	4	1	3	6	5	2	7	9
5	9	3	2	7	8	6	4	1
6	7	2	4	1	9	5	8	3
7	8	9	5	4	6	3	1	2
4	2	6	7	3	1	8	9	5
1	3	5	9	8	2	4	6	7

133

1	2	7	9	8	3	6	5	4
6	5	3	4	7	1	2	8	9
8	9	4	6	2	5	7	1	3
4	8	6	5	3	2	9	7	1
7	1	5	8	9	4	3	2	6
2	3	9	7	1	6	8	4	5
9	7	1	3	5	8	4	6	2
5	6	8	2	4	9	1	3	7
3	4	2	1	6	7	5	9	8

134

7	4	1	2	5	3	8	6	9
3	5	6	7	9	8	2	4	1
9	8	2	4	1	6	5	3	7
6	2	9	8	3	4	7	1	5
1	7	5	9	6	2	4	8	3
8	3	4	1	7	5	9	2	6
5	1	8	6	2	9	3	7	4
4	9	7	3	8	1	6	5	2
2	6	3	5	4	7	1	9	8

135

8	6	9	4	1	7	3	5	2
7	4	2	8	3	5	9	6	1
5	1	3	2	6	9	8	7	4
6	8	5	9	7	2	1	4	3
2	9	7	3	4	1	6	8	5
1	3	4	6	5	8	7	2	9
9	2	1	5	8	6	4	3	7
3	5	8	7	9	4	2	1	6
4	7	6	1	2	3	5	9	8

136

2	7	1	8	4	3	5	9	6
5	6	9	7	1	2	8	4	3
8	3	4	9	6	5	2	1	7
6	4	3	1	5	9	7	2	8
1	5	8	3	2	7	9	6	4
9	2	7	6	8	4	1	3	5
3	1	5	4	9	8	6	7	2
7	8	6	2	3	1	4	5	9
4	9	2	5	7	6	3	8	1

137

6	3	2	9	4	8	1	7	5
5	9	8	7	6	1	2	4	3
1	7	4	5	3	2	9	6	8
2	6	5	1	8	7	4	3	9
7	8	1	3	9	4	6	5	2
9	4	3	2	5	6	8	1	7
8	1	9	4	7	3	5	2	6
4	5	7	6	2	9	3	8	1
3	2	6	8	1	5	7	9	4

138

3	8	5	9	1	2	7	6	4
9	2	6	5	4	7	3	1	8
7	1	4	3	8	6	9	5	2
2	6	3	8	7	9	1	4	5
4	7	8	6	5	1	2	9	3
5	9	1	2	3	4	6	8	7
1	3	7	4	9	5	8	2	6
8	5	2	1	6	3	4	7	9
6	4	9	7	2	8	5	3	1

139

9	3	6	1	2	7	5	4	8
8	2	5	3	6	4	7	9	1
7	1	4	5	8	9	3	6	2
2	6	9	4	5	1	8	7	3
5	8	3	7	9	6	1	2	4
4	7	1	2	3	8	6	5	9
3	5	7	9	1	2	4	8	6
1	9	8	6	4	5	2	3	7
6	4	2	8	7	3	9	1	5

140

6	5	1	4	2	9	3	8	7
2	7	8	5	3	6	9	1	4
3	4	9	7	8	1	5	6	2
8	9	6	3	4	5	7	2	1
4	3	5	2	1	7	6	9	8
1	2	7	9	6	8	4	5	3
5	1	2	6	7	4	8	3	9
9	8	4	1	5	3	2	7	6
7	6	3	8	9	2	1	4	5

141

3	4	2	5	7	8	1	9	6
1	5	9	4	3	6	2	8	7
6	8	7	9	2	1	3	5	4
9	3	6	1	4	7	8	2	5
8	2	1	6	9	5	7	4	3
5	7	4	3	8	2	6	1	9
7	9	3	8	1	4	5	6	2
4	6	8	2	5	3	9	7	1
2	1	5	7	6	9	4	3	8

142

6	4	8	3	1	2	5	7	9
2	5	1	8	7	9	6	3	4
3	9	7	4	5	6	2	8	1
1	3	9	5	4	8	7	2	6
8	7	4	2	6	1	9	5	3
5	6	2	7	9	3	1	4	8
7	2	6	9	3	4	8	1	5
4	1	5	6	8	7	3	9	2
9	8	3	1	2	5	4	6	7

143

2	9	3	4	8	7	6	5	1
4	7	1	5	6	2	3	8	9
5	6	8	1	9	3	2	4	7
9	1	7	6	5	8	4	2	3
6	5	4	2	3	1	7	9	8
8	3	2	9	7	4	1	6	5
3	2	5	8	1	6	9	7	4
1	4	9	7	2	5	8	3	6
7	8	6	3	4	9	5	1	2

144

8	6	7	2	3	1	9	5	4
9	3	1	5	6	4	7	2	8
2	4	5	8	7	9	6	1	3
3	7	2	4	1	5	8	9	6
5	9	6	3	8	7	2	4	1
4	1	8	6	9	2	3	7	5
1	5	3	9	2	8	4	6	7
6	2	4	7	5	3	1	8	9
7	8	9	1	4	6	5	3	2

145

6	5	1	9	4	2	8	3	7
7	3	4	6	5	8	9	1	2
8	2	9	7	3	1	4	5	6
2	1	8	5	9	6	7	4	3
9	6	7	3	8	4	5	2	1
3	4	5	1	2	7	6	9	8
4	8	6	2	1	5	3	7	9
5	9	2	8	7	3	1	6	4
1	7	3	4	6	9	2	8	5

146

8	2	3	6	1	9	7	5	4
7	9	1	8	4	5	3	6	2
4	6	5	2	7	3	9	8	1
3	8	4	5	6	1	2	9	7
5	1	9	4	2	7	8	3	6
2	7	6	9	3	8	4	1	5
6	3	7	1	8	4	5	2	9
1	5	8	7	9	2	6	4	3
9	4	2	3	5	6	1	7	8

147

6	1	2	9	7	5	3	8	4
9	7	4	8	1	3	2	5	6
5	3	8	2	4	6	1	7	9
2	4	5	6	3	9	7	1	8
8	6	3	7	5	1	4	9	2
1	9	7	4	8	2	6	3	5
3	8	6	1	9	4	5	2	7
4	5	9	3	2	7	8	6	1
7	2	1	5	6	8	9	4	3

148

4	3	7	1	9	8	6	2	5
8	6	1	2	5	7	3	4	9
9	5	2	3	6	4	1	8	7
2	7	9	5	3	1	4	6	8
3	1	5	4	8	6	7	9	2
6	4	8	9	7	2	5	1	3
1	9	4	7	2	5	8	3	6
5	8	3	6	1	9	2	7	4
7	2	6	8	4	3	9	5	1

149

8	5	7	3	9	2	6	1	4
1	3	6	4	8	7	2	5	9
4	9	2	6	1	5	3	7	8
5	1	8	2	6	4	7	9	3
7	2	3	1	5	9	8	4	6
6	4	9	8	7	3	1	2	5
9	6	5	7	2	8	4	3	1
2	8	4	9	3	1	5	6	7
3	7	1	5	4	6	9	8	2

150

7	9	1	8	2	4	5	6	3
6	2	3	1	5	7	4	9	8
8	4	5	3	9	6	1	2	7
4	1	7	5	8	9	2	3	6
3	8	9	2	6	1	7	5	4
5	6	2	4	7	3	9	8	1
9	5	6	7	4	8	3	1	2
2	3	4	6	1	5	8	7	9
1	7	8	9	3	2	6	4	5

151

5	3	8	4	2	7	6	1	9
7	9	1	5	6	3	8	2	4
6	2	4	9	8	1	3	7	5
3	1	7	6	4	2	9	5	8
9	4	6	1	5	8	7	3	2
8	5	2	7	3	9	1	4	6
2	7	3	8	9	5	4	6	1
4	8	5	3	1	6	2	9	7
1	6	9	2	7	4	5	8	3

152

8	1	4	9	5	6	2	3	7
6	3	5	4	2	7	8	9	1
7	9	2	1	3	8	4	5	6
2	6	9	3	1	4	7	8	5
5	7	1	2	8	9	6	4	3
3	4	8	7	6	5	1	2	9
4	2	6	5	9	1	3	7	8
9	8	7	6	4	3	5	1	2
1	5	3	8	7	2	9	6	4

153

9	5	4	6	2	8	1	7	3
1	3	2	4	9	7	8	5	6
7	8	6	3	1	5	9	2	4
8	6	9	1	7	2	4	3	5
4	2	5	9	6	3	7	1	8
3	1	7	5	8	4	6	9	2
5	9	1	8	3	6	2	4	7
2	4	8	7	5	1	3	6	9
6	7	3	2	4	9	5	8	1

154

5	4	8	3	7	9	6	2	1
2	6	1	5	8	4	7	9	3
7	9	3	2	6	1	8	4	5
8	3	5	6	1	2	9	7	4
4	1	9	8	3	7	2	5	6
6	7	2	4	9	5	3	1	8
1	5	6	7	2	8	4	3	9
9	8	7	1	4	3	5	6	2
3	2	4	9	5	6	1	8	7

155

4	1	6	9	2	8	3	7	5
2	3	5	1	6	7	4	9	8
7	8	9	4	5	3	6	1	2
9	4	1	8	7	5	2	6	3
5	6	7	2	3	9	8	4	1
3	2	8	6	1	4	7	5	9
6	9	4	5	8	2	1	3	7
1	7	2	3	9	6	5	8	4
8	5	3	7	4	1	9	2	6

156

1	4	5	7	8	6	9	3	2
2	9	7	3	5	1	4	8	6
3	6	8	9	4	2	5	7	1
9	1	4	5	7	3	6	2	8
6	8	3	4	2	9	1	5	7
7	5	2	6	1	8	3	9	4
8	7	9	1	6	5	2	4	3
5	2	1	8	3	4	7	6	9
4	3	6	2	9	7	8	1	5

157

5	6	3	4	1	7	8	9	2
8	4	2	6	9	5	3	7	1
7	1	9	8	3	2	5	6	4
2	8	7	5	6	3	4	1	9
6	9	1	7	8	4	2	3	5
3	5	4	9	2	1	6	8	7
1	7	6	2	4	8	9	5	3
4	3	8	1	5	9	7	2	6
9	2	5	3	7	6	1	4	8

158

5	9	1	4	2	8	6	7	3
7	4	3	6	9	5	1	2	8
8	2	6	1	7	3	9	5	4
1	8	4	9	5	7	2	3	6
9	7	2	3	6	4	8	1	5
6	3	5	2	8	1	4	9	7
2	1	8	7	3	6	5	4	9
4	5	7	8	1	9	3	6	2
3	6	9	5	4	2	7	8	1

159

4	5	3	1	7	6	9	2	8
7	9	1	5	2	8	4	6	3
6	8	2	4	9	3	5	1	7
5	6	7	9	8	4	2	3	1
1	2	9	6	3	5	7	8	4
3	4	8	2	1	7	6	9	5
2	3	4	7	6	1	8	5	9
9	1	5	8	4	2	3	7	6
8	7	6	3	5	9	1	4	2

160

8	4	1	9	7	3	5	6	2
9	5	3	1	6	2	7	8	4
2	6	7	8	5	4	3	1	9
5	9	6	3	8	7	2	4	1
1	7	2	6	4	9	8	3	5
4	3	8	2	1	5	6	9	7
6	2	4	5	9	8	1	7	3
7	1	5	4	3	6	9	2	8
3	8	9	7	2	1	4	5	6

161

5	6	1	8	4	2	3	7	9
3	2	9	6	1	7	4	8	5
7	8	4	5	9	3	1	6	2
1	7	2	3	6	4	9	5	8
6	4	5	2	8	9	7	1	3
9	3	8	1	7	5	2	4	6
8	9	3	7	5	1	6	2	4
4	5	7	9	2	6	8	3	1
2	1	6	4	3	8	5	9	7

162

3	9	4	5	2	7	6	1	8
5	2	6	8	9	1	3	4	7
1	8	7	3	4	6	9	5	2
2	1	8	6	3	5	4	7	9
7	4	3	1	8	9	5	2	6
9	6	5	4	7	2	8	3	1
8	3	1	7	6	4	2	9	5
6	7	2	9	5	3	1	8	4
4	5	9	2	1	8	7	6	3

163

6	9	2	1	8	3	4	7	5
8	3	7	4	2	5	6	9	1
5	1	4	6	7	9	3	2	8
7	2	5	8	1	4	9	6	3
9	8	1	2	3	6	5	4	7
3	4	6	9	5	7	8	1	2
2	7	9	5	4	8	1	3	6
1	6	8	3	9	2	7	5	4
4	5	3	7	6	1	2	8	9

164

3	7	8	4	6	2	9	5	1
1	4	9	7	5	8	6	3	2
6	2	5	3	9	1	8	4	7
2	6	1	8	7	3	4	9	5
4	5	3	6	1	9	7	2	8
9	8	7	2	4	5	3	1	6
7	1	6	5	3	4	2	8	9
8	9	4	1	2	6	5	7	3
5	3	2	9	8	7	1	6	4

165

3	6	8	9	2	4	5	7	1
9	7	4	3	5	1	2	6	8
2	1	5	7	6	8	3	9	4
7	2	1	6	3	5	4	8	9
5	8	9	4	1	2	7	3	6
6	4	3	8	9	7	1	5	2
8	3	2	1	7	9	6	4	5
4	5	7	2	8	6	9	1	3
1	9	6	5	4	3	8	2	7

166

6	9	7	4	8	1	2	5	3
1	4	8	5	2	3	7	9	6
5	2	3	9	7	6	4	8	1
3	1	2	8	4	9	5	6	7
7	6	9	2	1	5	3	4	8
4	8	5	6	3	7	1	2	9
8	3	6	7	5	2	9	1	4
9	5	1	3	6	4	8	7	2
2	7	4	1	9	8	6	3	5

167

6	8	4	1	5	3	7	2	9
5	2	3	6	9	7	1	8	4
7	1	9	8	4	2	6	5	3
8	7	6	4	3	5	9	1	2
9	3	2	7	8	1	4	6	5
1	4	5	9	2	6	3	7	8
2	5	7	3	6	4	8	9	1
4	9	1	5	7	8	2	3	6
3	6	8	2	1	9	5	4	7

168

7	3	9	8	2	5	1	4	6
8	2	4	7	1	6	9	3	5
5	6	1	3	4	9	7	2	8
2	5	3	9	6	1	8	7	4
1	8	7	4	5	3	6	9	2
4	9	6	2	8	7	3	5	1
3	4	5	6	7	8	2	1	9
6	7	2	1	9	4	5	8	3
9	1	8	5	3	2	4	6	7

169

7	9	1	8	3	6	5	2	4
8	3	4	2	7	5	1	6	9
6	5	2	1	4	9	7	3	8
2	8	9	5	6	7	3	4	1
3	4	5	9	1	2	8	7	6
1	6	7	4	8	3	2	9	5
5	7	8	6	2	4	9	1	3
4	1	3	7	9	8	6	5	2
9	2	6	3	5	1	4	8	7

170

8	5	4	3	1	6	7	9	2
1	3	7	8	9	2	4	6	5
2	9	6	5	4	7	1	8	3
7	1	5	9	8	3	2	4	6
6	2	3	4	7	5	8	1	9
9	4	8	6	2	1	5	3	7
3	7	2	1	6	8	9	5	4
5	8	9	2	3	4	6	7	1
4	6	1	7	5	9	3	2	8

171

5	7	4	2	1	3	9	6	8
3	9	1	6	7	8	4	2	5
2	8	6	5	4	9	3	7	1
9	3	8	1	2	4	6	5	7
7	1	5	8	3	6	2	9	4
4	6	2	9	5	7	1	8	3
6	5	7	4	9	1	8	3	2
1	2	9	3	8	5	7	4	6
8	4	3	7	6	2	5	1	9

172

5	2	3	8	6	9	1	4	7
7	1	9	4	5	3	8	6	2
8	6	4	2	7	1	9	5	3
9	3	2	6	1	7	5	8	4
1	5	6	3	4	8	2	7	9
4	7	8	9	2	5	3	1	6
2	4	1	5	3	6	7	9	8
6	9	7	1	8	2	4	3	5
3	8	5	7	9	4	6	2	1

173

8	5	2	4	9	1	7	3	6
4	7	1	6	5	3	9	8	2
9	6	3	7	2	8	5	1	4
3	2	6	8	7	9	1	4	5
1	4	7	3	6	5	8	2	9
5	8	9	2	1	4	6	7	3
2	1	5	9	4	7	3	6	8
7	3	4	5	8	6	2	9	1
6	9	8	1	3	2	4	5	7

174

7	1	8	3	6	5	4	2	9
9	3	6	8	2	4	5	1	7
4	2	5	7	9	1	6	8	3
5	6	3	4	7	8	2	9	1
1	4	9	5	3	2	8	7	6
8	7	2	9	1	6	3	5	4
3	5	7	2	4	9	1	6	8
2	9	1	6	8	3	7	4	5
6	8	4	1	5	7	9	3	2

175

8	1	2	5	9	7	6	3	4
3	5	6	2	1	4	9	7	8
4	9	7	8	6	3	1	5	2
7	2	9	6	4	5	3	8	1
6	8	1	9	3	2	7	4	5
5	3	4	7	8	1	2	6	9
2	4	5	3	7	9	8	1	6
9	7	8	1	5	6	4	2	3
1	6	3	4	2	8	5	9	7

176

6	2	1	3	8	5	7	4	9
7	9	5	2	1	4	8	3	6
3	4	8	9	6	7	1	5	2
8	5	4	7	3	6	2	9	1
1	6	7	4	9	2	3	8	5
9	3	2	1	5	8	4	6	7
5	1	3	8	7	9	6	2	4
4	7	9	6	2	3	5	1	8
2	8	6	5	4	1	9	7	3

177

7	9	2	3	1	8	4	5	6
3	8	6	5	4	9	7	2	1
5	1	4	6	2	7	9	8	3
8	6	1	9	7	2	3	4	5
2	4	3	8	6	5	1	9	7
9	5	7	1	3	4	8	6	2
1	7	8	2	9	6	5	3	4
6	3	5	4	8	1	2	7	9
4	2	9	7	5	3	6	1	8

178

3	9	4	5	1	8	2	6	7
8	1	6	9	7	2	5	3	4
7	5	2	6	3	4	1	9	8
2	8	3	4	6	9	7	1	5
5	4	9	1	2	7	6	8	3
6	7	1	8	5	3	9	4	2
4	3	7	2	9	1	8	5	6
9	2	5	3	8	6	4	7	1
1	6	8	7	4	5	3	2	9

179

7	3	8	6	4	1	2	5	9
1	4	5	3	2	9	8	7	6
6	2	9	5	7	8	1	3	4
2	9	4	1	6	7	5	8	3
5	7	6	8	9	3	4	2	1
8	1	3	4	5	2	9	6	7
3	8	2	9	1	6	7	4	5
4	6	1	7	8	5	3	9	2
9	5	7	2	3	4	6	1	8

180

1	5	3	2	6	8	9	7	4
2	8	9	7	4	1	5	6	3
4	7	6	5	3	9	2	1	8
3	6	4	9	2	5	7	8	1
9	2	8	1	7	6	3	4	5
5	1	7	4	8	3	6	2	9
7	9	5	8	1	2	4	3	6
6	4	1	3	5	7	8	9	2
8	3	2	6	9	4	1	5	7

181

6	4	2	9	8	5	7	1	3
1	5	8	4	3	7	6	2	9
9	3	7	6	1	2	5	8	4
3	6	1	7	4	9	8	5	2
2	7	9	5	6	8	4	3	1
5	8	4	3	2	1	9	7	6
7	1	3	8	9	4	2	6	5
8	9	6	2	5	3	1	4	7
4	2	5	1	7	6	3	9	8

182

7	4	6	8	2	5	1	3	9
3	9	2	7	4	1	5	8	6
1	5	8	9	3	6	7	4	2
4	1	3	6	7	9	2	5	8
2	6	5	3	8	4	9	7	1
9	8	7	5	1	2	3	6	4
6	3	4	2	9	7	8	1	5
8	2	1	4	5	3	6	9	7
5	7	9	1	6	8	4	2	3

183

5	8	6	1	7	9	2	4	3
4	3	9	5	2	6	8	7	1
1	7	2	4	3	8	9	6	5
9	1	7	2	8	4	5	3	6
8	6	4	7	5	3	1	9	2
3	2	5	6	9	1	4	8	7
2	4	1	9	6	7	3	5	8
7	9	8	3	1	5	6	2	4
6	5	3	8	4	2	7	1	9

184

3	4	8	7	2	9	1	5	6
2	6	1	4	5	8	7	9	3
7	9	5	1	6	3	8	4	2
6	5	7	8	9	4	3	2	1
4	1	9	6	3	2	5	7	8
8	2	3	5	7	1	9	6	4
1	8	2	9	4	7	6	3	5
9	3	6	2	8	5	4	1	7
5	7	4	3	1	6	2	8	9

185

7	5	9	8	2	1	3	6	4
3	1	6	4	5	9	2	8	7
4	2	8	6	7	3	1	5	9
2	4	1	9	3	5	8	7	6
6	7	5	1	4	8	9	2	3
9	8	3	2	6	7	4	1	5
1	3	7	5	8	4	6	9	2
5	9	2	3	1	6	7	4	8
8	6	4	7	9	2	5	3	1

186

4	1	6	8	2	7	9	5	3
3	9	5	6	4	1	7	8	2
7	8	2	9	3	5	4	6	1
5	6	3	7	1	8	2	9	4
8	2	9	3	6	4	1	7	5
1	4	7	2	5	9	6	3	8
2	5	8	4	9	6	3	1	7
9	3	1	5	7	2	8	4	6
6	7	4	1	8	3	5	2	9

187

1	5	9	8	3	2	4	7	6
3	7	2	9	6	4	5	1	8
8	4	6	7	1	5	9	3	2
4	3	1	5	8	7	2	6	9
5	6	7	1	2	9	3	8	4
2	9	8	6	4	3	7	5	1
6	2	5	3	9	1	8	4	7
9	1	3	4	7	8	6	2	5
7	8	4	2	5	6	1	9	3

188

2	9	3	8	7	4	6	5	1
6	8	1	9	2	5	4	7	3
7	5	4	3	1	6	8	9	2
8	4	9	6	3	1	7	2	5
5	2	6	7	9	8	3	1	4
3	1	7	5	4	2	9	8	6
4	3	5	2	8	9	1	6	7
9	7	2	1	6	3	5	4	8
1	6	8	4	5	7	2	3	9

189

1	8	2	6	5	9	3	4	7
7	6	3	2	8	4	1	9	5
9	4	5	7	1	3	8	6	2
3	2	4	1	9	8	5	7	6
8	1	9	5	6	7	2	3	4
5	7	6	3	4	2	9	8	1
4	9	7	8	2	5	6	1	3
2	3	1	9	7	6	4	5	8
6	5	8	4	3	1	7	2	9

190

3	1	9	2	6	7	8	4	5
4	2	5	1	8	3	9	6	7
6	7	8	9	5	4	3	1	2
1	6	3	5	7	2	4	9	8
2	9	4	6	3	8	7	5	1
8	5	7	4	9	1	2	3	6
7	8	6	3	4	5	1	2	9
5	4	2	7	1	9	6	8	3
9	3	1	8	2	6	5	7	4

191

5	9	1	3	4	2	6	7	8
6	7	2	1	5	8	3	4	9
3	4	8	9	6	7	2	5	1
2	1	3	7	8	5	4	9	6
4	5	9	2	1	6	7	8	3
8	6	7	4	9	3	5	1	2
9	8	5	6	2	4	1	3	7
7	2	4	8	3	1	9	6	5
1	3	6	5	7	9	8	2	4

192

9	8	3	7	6	4	2	1	5
6	4	2	1	3	5	8	9	7
7	5	1	9	8	2	3	6	4
4	9	5	3	7	8	6	2	1
3	6	8	2	4	1	5	7	9
2	1	7	6	5	9	4	8	3
1	7	6	4	2	3	9	5	8
5	2	4	8	9	7	1	3	6
8	3	9	5	1	6	7	4	2

193

1	9	2	6	5	4	7	8	3
7	4	3	9	8	1	5	2	6
6	8	5	2	3	7	1	9	4
9	6	8	7	4	5	2	3	1
3	7	1	8	2	9	6	4	5
5	2	4	3	1	6	8	7	9
8	3	6	1	9	2	4	5	7
4	1	9	5	7	8	3	6	2
2	5	7	4	6	3	9	1	8

194

5	8	9	3	1	4	6	7	2
7	1	6	2	8	5	3	9	4
3	4	2	9	6	7	8	1	5
8	7	4	1	2	3	9	5	6
2	9	1	8	5	6	7	4	3
6	5	3	7	4	9	1	2	8
4	6	7	5	9	8	2	3	1
1	3	5	6	7	2	4	8	9
9	2	8	4	3	1	5	6	7

195

3	2	5	7	1	6	4	8	9
4	9	1	3	2	8	6	5	7
6	8	7	4	5	9	2	1	3
7	6	9	1	8	2	3	4	5
2	4	8	6	3	5	9	7	1
1	5	3	9	7	4	8	2	6
9	1	2	8	6	7	5	3	4
8	3	6	5	4	1	7	9	2
5	7	4	2	9	3	1	6	8

196

9	7	6	4	8	1	2	5	3
3	1	5	6	7	2	8	9	4
4	8	2	3	9	5	6	7	1
1	3	8	5	2	4	7	6	9
5	2	7	9	1	6	4	3	8
6	9	4	8	3	7	1	2	5
7	4	9	2	5	8	3	1	6
8	5	1	7	6	3	9	4	2
2	6	3	1	4	9	5	8	7

197

2	5	8	6	1	3	7	4	9
6	9	1	7	4	8	5	2	3
3	4	7	5	2	9	6	8	1
9	3	6	4	8	1	2	5	7
1	8	5	9	7	2	3	6	4
7	2	4	3	5	6	1	9	8
8	7	9	2	3	5	4	1	6
4	6	2	1	9	7	8	3	5
5	1	3	8	6	4	9	7	2

198

2	8	3	6	5	4	7	9	1
4	6	7	3	9	1	8	5	2
9	1	5	2	7	8	4	6	3
3	9	8	5	6	7	2	1	4
7	2	1	8	4	9	5	3	6
5	4	6	1	2	3	9	8	7
6	5	9	7	3	2	1	4	8
1	7	4	9	8	6	3	2	5
8	3	2	4	1	5	6	7	9

199

5	7	9	8	2	1	6	4	3
3	6	1	9	5	4	8	2	7
4	2	8	6	3	7	1	5	9
9	5	3	1	7	2	4	6	8
6	4	7	3	8	5	2	9	1
1	8	2	4	6	9	3	7	5
2	1	4	7	9	3	5	8	6
8	9	5	2	1	6	7	3	4
7	3	6	5	4	8	9	1	2

200

6	2	9	8	1	4	5	7	3
1	7	4	6	5	3	9	8	2
5	8	3	2	9	7	6	4	1
8	4	5	7	3	2	1	9	6
7	3	6	9	8	1	2	5	4
9	1	2	4	6	5	8	3	7
4	9	1	5	7	6	3	2	8
3	5	7	1	2	8	4	6	9
2	6	8	3	4	9	7	1	5

201

7	3	6	1	5	2	4	8	9
8	9	1	6	4	7	5	3	2
5	2	4	9	3	8	1	7	6
4	6	3	8	2	9	7	1	5
1	7	8	3	6	5	9	2	4
9	5	2	4	7	1	3	6	8
3	1	5	2	8	4	6	9	7
2	4	9	7	1	6	8	5	3
6	8	7	5	9	3	2	4	1

202

7	1	9	4	3	6	5	2	8
2	5	3	7	8	9	6	4	1
8	6	4	1	2	5	7	3	9
9	3	5	6	4	2	8	1	7
4	2	8	5	1	7	9	6	3
1	7	6	8	9	3	2	5	4
3	9	1	2	5	8	4	7	6
5	4	7	9	6	1	3	8	2
6	8	2	3	7	4	1	9	5

203

2	1	9	4	6	7	5	8	3
3	4	5	1	2	8	6	7	9
7	8	6	5	3	9	1	4	2
9	6	4	2	5	3	7	1	8
8	5	7	6	9	1	2	3	4
1	3	2	8	7	4	9	5	6
5	7	3	9	4	2	8	6	1
6	2	8	3	1	5	4	9	7
4	9	1	7	8	6	3	2	5

204

9	3	4	7	1	5	6	2	8
7	1	6	3	2	8	9	4	5
2	5	8	9	4	6	1	7	3
8	6	9	2	7	4	3	5	1
4	7	1	5	8	3	2	9	6
3	2	5	1	6	9	7	8	4
1	4	2	6	5	7	8	3	9
6	8	3	4	9	2	5	1	7
5	9	7	8	3	1	4	6	2

205

1	2	6	9	7	8	5	4	3
7	9	5	2	4	3	8	1	6
3	4	8	6	5	1	2	7	9
9	8	3	1	2	6	4	5	7
2	6	7	4	8	5	9	3	1
4	5	1	3	9	7	6	2	8
8	1	9	5	3	2	7	6	4
5	3	4	7	6	9	1	8	2
6	7	2	8	1	4	3	9	5

206

1	2	7	8	5	3	6	4	9
8	9	3	4	2	6	7	5	1
6	5	4	1	9	7	8	3	2
5	7	1	3	4	2	9	8	6
3	4	6	7	8	9	2	1	5
2	8	9	6	1	5	3	7	4
4	6	5	9	3	8	1	2	7
7	3	2	5	6	1	4	9	8
9	1	8	2	7	4	5	6	3

207

3	6	4	1	7	8	9	2	5
8	1	9	4	5	2	6	3	7
2	7	5	3	9	6	8	4	1
9	8	1	7	2	3	4	5	6
4	3	2	9	6	5	7	1	8
6	5	7	8	1	4	3	9	2
1	4	8	2	3	7	5	6	9
7	2	6	5	4	9	1	8	3
5	9	3	6	8	1	2	7	4

208

5	6	7	9	1	2	4	8	3
9	8	4	7	3	6	1	2	5
2	1	3	8	4	5	7	9	6
7	4	1	3	5	8	9	6	2
6	3	2	4	9	7	5	1	8
8	5	9	6	2	1	3	4	7
4	2	6	1	7	3	8	5	9
1	7	8	5	6	9	2	3	4
3	9	5	2	8	4	6	7	1

209

4	2	7	9	1	8	5	6	3
3	1	8	7	6	5	4	9	2
6	9	5	3	2	4	8	7	1
5	6	9	1	4	2	3	8	7
7	8	4	6	9	3	2	1	5
1	3	2	5	8	7	6	4	9
8	4	1	2	5	9	7	3	6
9	5	3	4	7	6	1	2	8
2	7	6	8	3	1	9	5	4

210

1	8	3	4	2	9	7	6	5
4	2	9	5	6	7	3	8	1
5	6	7	3	8	1	9	4	2
2	5	6	9	1	3	4	7	8
7	9	4	8	5	6	1	2	3
3	1	8	7	4	2	6	5	9
6	4	1	2	9	8	5	3	7
8	3	5	1	7	4	2	9	6
9	7	2	6	3	5	8	1	4

211

1	4	8	7	2	6	3	5	9
6	9	2	3	1	5	4	8	7
3	7	5	9	4	8	2	6	1
4	2	3	5	9	1	6	7	8
7	1	9	6	8	4	5	3	2
8	5	6	2	3	7	1	9	4
2	8	7	4	6	3	9	1	5
5	3	4	1	7	9	8	2	6
9	6	1	8	5	2	7	4	3

212

9	6	8	4	3	2	1	7	5
7	4	1	6	5	9	3	2	8
2	3	5	8	1	7	6	9	4
1	2	4	5	9	6	7	8	3
5	9	3	1	7	8	2	4	6
6	8	7	2	4	3	5	1	9
3	1	9	7	6	4	8	5	2
8	5	6	9	2	1	4	3	7
4	7	2	3	8	5	9	6	1

213

2	1	8	5	4	3	6	9	7
3	5	7	8	9	6	2	1	4
9	6	4	1	2	7	8	3	5
7	2	3	4	6	5	9	8	1
4	8	5	3	1	9	7	2	6
6	9	1	2	7	8	4	5	3
8	4	6	9	3	1	5	7	2
5	3	2	7	8	4	1	6	9
1	7	9	6	5	2	3	4	8

214

6	4	2	8	5	9	1	3	7
9	8	3	1	6	7	5	4	2
1	5	7	3	2	4	9	8	6
7	9	1	2	8	6	3	5	4
4	6	8	7	3	5	2	1	9
2	3	5	9	4	1	6	7	8
5	1	4	6	7	2	8	9	3
8	7	6	5	9	3	4	2	1
3	2	9	4	1	8	7	6	5

215

9	5	7	8	1	3	6	2	4
6	2	4	9	7	5	8	3	1
3	1	8	4	6	2	9	7	5
1	3	9	7	5	4	2	8	6
2	4	6	3	8	1	5	9	7
7	8	5	2	9	6	1	4	3
5	7	2	1	4	9	3	6	8
4	9	1	6	3	8	7	5	2
8	6	3	5	2	7	4	1	9

216

3	2	9	5	4	8	7	1	6
5	6	8	1	3	7	4	9	2
7	4	1	2	9	6	5	8	3
8	5	4	6	7	1	2	3	9
2	9	7	8	5	3	6	4	1
1	3	6	4	2	9	8	7	5
6	7	5	9	1	4	3	2	8
9	8	3	7	6	2	1	5	4
4	1	2	3	8	5	9	6	7

217

6	2	7	9	3	8	4	5	1
8	9	3	4	1	5	7	6	2
1	4	5	2	6	7	3	8	9
4	6	2	3	9	1	5	7	8
9	3	8	7	5	2	1	4	6
5	7	1	8	4	6	9	2	3
2	8	4	1	7	3	6	9	5
3	5	9	6	2	4	8	1	7
7	1	6	5	8	9	2	3	4

218

1	3	7	8	4	5	9	2	6
4	9	5	3	2	6	8	7	1
8	2	6	9	7	1	5	4	3
9	6	3	7	1	2	4	8	5
5	8	2	6	3	4	1	9	7
7	1	4	5	9	8	6	3	2
2	7	1	4	6	9	3	5	8
3	5	9	1	8	7	2	6	4
6	4	8	2	5	3	7	1	9

219

9	7	4	1	2	5	6	3	8
5	2	3	7	6	8	1	4	9
8	6	1	4	3	9	5	7	2
3	1	7	9	8	6	4	2	5
4	9	8	5	1	2	7	6	3
6	5	2	3	4	7	8	9	1
1	3	5	6	9	4	2	8	7
2	4	9	8	7	1	3	5	6
7	8	6	2	5	3	9	1	4

220

3	7	4	1	2	9	8	6	5
2	8	6	4	5	3	7	1	9
9	1	5	6	7	8	2	4	3
8	3	9	7	6	5	4	2	1
5	6	2	8	1	4	3	9	7
1	4	7	9	3	2	6	5	8
4	9	3	5	8	6	1	7	2
6	2	1	3	9	7	5	8	4
7	5	8	2	4	1	9	3	6

221

6	7	2	4	1	3	5	8	9
1	4	9	8	2	5	6	3	7
5	8	3	6	9	7	2	1	4
2	1	8	9	4	6	7	5	3
3	6	5	1	7	2	4	9	8
4	9	7	3	5	8	1	2	6
8	2	6	7	3	1	9	4	5
7	5	4	2	8	9	3	6	1
9	3	1	5	6	4	8	7	2

222

8	5	9	1	6	7	3	4	2
2	1	7	8	3	4	9	5	6
4	3	6	9	5	2	8	1	7
3	7	2	6	1	8	4	9	5
5	4	1	3	2	9	7	6	8
6	9	8	4	7	5	2	3	1
7	6	3	2	4	1	5	8	9
9	2	4	5	8	6	1	7	3
1	8	5	7	9	3	6	2	4

223

6	1	9	8	3	2	7	5	4
4	5	2	7	9	1	6	8	3
3	8	7	5	4	6	2	9	1
8	2	3	6	1	7	5	4	9
1	4	6	3	5	9	8	2	7
9	7	5	4	2	8	3	1	6
5	3	1	2	6	4	9	7	8
2	9	8	1	7	3	4	6	5
7	6	4	9	8	5	1	3	2

224

2	3	1	9	6	4	7	8	5
8	4	6	2	5	7	1	9	3
9	7	5	1	8	3	6	4	2
6	5	9	8	3	2	4	1	7
3	8	4	5	7	1	2	6	9
7	1	2	6	4	9	5	3	8
4	2	8	7	9	6	3	5	1
1	9	3	4	2	5	8	7	6
5	6	7	3	1	8	9	2	4

225

9	8	1	4	5	7	2	3	6
3	7	5	2	1	6	4	8	9
4	2	6	9	3	8	5	7	1
2	5	9	1	4	3	7	6	8
7	4	3	8	6	5	1	9	2
6	1	8	7	2	9	3	4	5
8	6	2	3	7	1	9	5	4
1	9	7	5	8	4	6	2	3
5	3	4	6	9	2	8	1	7

226

4	7	6	9	8	2	3	1	5
8	1	5	4	3	6	7	2	9
3	2	9	1	7	5	4	8	6
2	4	7	5	6	8	1	9	3
6	9	3	7	4	1	2	5	8
5	8	1	3	2	9	6	4	7
7	5	2	6	9	4	8	3	1
1	3	8	2	5	7	9	6	4
9	6	4	8	1	3	5	7	2

227

5	7	9	4	6	8	3	1	2
8	6	2	1	5	3	7	4	9
4	1	3	7	9	2	5	8	6
7	4	1	3	8	6	9	2	5
2	8	5	9	7	4	1	6	3
9	3	6	5	2	1	4	7	8
3	9	8	6	4	7	2	5	1
1	2	4	8	3	5	6	9	7
6	5	7	2	1	9	8	3	4

228

9	7	4	3	6	1	5	2	8
8	2	3	7	5	9	1	6	4
6	1	5	4	8	2	9	3	7
1	9	2	6	4	5	7	8	3
4	3	8	2	9	7	6	5	1
7	5	6	8	1	3	2	4	9
2	4	7	1	3	6	8	9	5
3	6	9	5	7	8	4	1	2
5	8	1	9	2	4	3	7	6

229

1	4	3	7	2	6	5	8	9
9	8	6	4	3	5	7	2	1
2	7	5	1	8	9	6	3	4
6	2	7	9	5	8	4	1	3
4	5	8	6	1	3	9	7	2
3	9	1	2	7	4	8	5	6
5	6	2	3	9	7	1	4	8
8	3	4	5	6	1	2	9	7
7	1	9	8	4	2	3	6	5

230

7	8	3	5	1	9	2	4	6
9	4	2	7	6	3	8	1	5
6	5	1	4	2	8	7	3	9
5	9	4	3	8	7	6	2	1
8	3	6	1	5	2	4	9	7
1	2	7	9	4	6	5	8	3
3	6	9	8	7	4	1	5	2
4	7	5	2	3	1	9	6	8
2	1	8	6	9	5	3	7	4

231

2	7	5	9	3	4	8	1	6
6	1	9	7	5	8	2	3	4
3	8	4	1	6	2	5	9	7
1	6	8	3	9	5	7	4	2
7	5	2	6	4	1	9	8	3
9	4	3	2	8	7	1	6	5
5	9	1	4	2	3	6	7	8
4	2	7	8	1	6	3	5	9
8	3	6	5	7	9	4	2	1

232

3	2	5	1	6	8	7	4	9
4	9	7	5	2	3	6	1	8
1	8	6	4	9	7	5	3	2
7	1	3	6	5	2	8	9	4
2	5	9	3	8	4	1	6	7
8	6	4	7	1	9	3	2	5
6	7	2	8	4	1	9	5	3
9	3	1	2	7	5	4	8	6
5	4	8	9	3	6	2	7	1

233

5	8	6	9	1	3	7	4	2
1	4	9	5	7	2	6	3	8
3	7	2	8	4	6	9	5	1
9	5	7	3	8	1	2	6	4
8	1	4	2	6	5	3	7	9
2	6	3	7	9	4	1	8	5
4	2	1	6	5	7	8	9	3
6	3	8	4	2	9	5	1	7
7	9	5	1	3	8	4	2	6

234

2	4	8	9	1	3	7	6	5
9	5	6	8	2	7	4	1	3
3	1	7	6	5	4	8	9	2
4	2	1	5	9	6	3	8	7
5	7	9	3	4	8	1	2	6
6	8	3	2	7	1	9	5	4
7	6	4	1	8	2	5	3	9
8	3	5	4	6	9	2	7	1
1	9	2	7	3	5	6	4	8

235

7	6	4	5	3	8	9	2	1
8	9	1	2	6	4	5	7	3
3	5	2	9	1	7	6	8	4
2	7	8	3	4	9	1	5	6
1	3	6	8	2	5	7	4	9
5	4	9	1	7	6	2	3	8
9	2	7	6	8	3	4	1	5
4	8	5	7	9	1	3	6	2
6	1	3	4	5	2	8	9	7

236

8	5	2	7	1	9	4	3	6
4	7	3	5	2	6	9	8	1
1	6	9	4	8	3	5	2	7
3	9	5	8	7	4	1	6	2
6	1	7	2	9	5	3	4	8
2	4	8	3	6	1	7	5	9
9	3	1	6	5	8	2	7	4
5	2	6	9	4	7	8	1	3
7	8	4	1	3	2	6	9	5

237

2	4	5	6	3	1	7	9	8
8	6	3	7	2	9	4	5	1
9	7	1	4	5	8	3	2	6
1	2	7	5	8	6	9	4	3
3	5	8	1	9	4	6	7	2
6	9	4	2	7	3	1	8	5
7	3	9	8	6	5	2	1	4
4	8	2	3	1	7	5	6	9
5	1	6	9	4	2	8	3	7

238

3	8	1	5	6	2	9	4	7
4	6	9	1	3	7	5	2	8
7	5	2	8	4	9	6	3	1
2	4	5	6	1	8	7	9	3
6	7	3	9	5	4	8	1	2
9	1	8	7	2	3	4	5	6
5	9	6	2	8	1	3	7	4
8	2	4	3	7	5	1	6	9
1	3	7	4	9	6	2	8	5

239

9	8	4	6	3	7	1	5	2
7	2	6	8	1	5	4	3	9
5	3	1	4	9	2	8	7	6
3	1	2	5	6	9	7	4	8
8	4	7	1	2	3	6	9	5
6	5	9	7	4	8	2	1	3
2	7	8	3	5	4	9	6	1
4	6	5	9	8	1	3	2	7
1	9	3	2	7	6	5	8	4

240

4	5	8	9	7	6	1	2	3
3	2	7	1	5	4	6	9	8
9	6	1	2	3	8	4	5	7
8	9	2	3	6	1	7	4	5
1	7	4	8	9	5	3	6	2
5	3	6	7	4	2	9	8	1
7	1	5	6	8	9	2	3	4
2	8	9	4	1	3	5	7	6
6	4	3	5	2	7	8	1	9

241

4	9	2	3	1	7	5	6	8
5	1	7	4	8	6	3	9	2
8	3	6	2	9	5	7	4	1
7	6	4	8	3	9	1	2	5
2	8	1	6	5	4	9	3	7
9	5	3	7	2	1	6	8	4
1	7	8	9	6	2	4	5	3
6	2	5	1	4	3	8	7	9
3	4	9	5	7	8	2	1	6

242

1	3	2	9	4	8	6	7	5
4	9	6	1	5	7	8	3	2
8	7	5	6	2	3	1	4	9
5	8	9	4	6	2	7	1	3
7	2	1	3	8	5	4	9	6
6	4	3	7	9	1	5	2	8
3	6	4	5	1	9	2	8	7
9	5	8	2	7	4	3	6	1
2	1	7	8	3	6	9	5	4

243

1	5	8	7	4	2	3	9	6
4	2	3	6	8	9	7	5	1
7	6	9	5	3	1	8	4	2
3	1	6	9	5	8	2	7	4
5	9	7	3	2	4	1	6	8
2	8	4	1	6	7	5	3	9
8	3	2	4	9	5	6	1	7
6	4	1	2	7	3	9	8	5
9	7	5	8	1	6	4	2	3

244

7	3	1	9	8	2	6	5	4
6	4	9	7	1	5	2	8	3
5	8	2	3	6	4	9	1	7
1	5	7	8	2	6	3	4	9
8	9	3	1	4	7	5	6	2
2	6	4	5	3	9	1	7	8
4	1	6	2	9	8	7	3	5
3	2	5	4	7	1	8	9	6
9	7	8	6	5	3	4	2	1

245

3	1	4	8	2	7	6	9	5
8	9	5	1	3	6	2	4	7
7	6	2	5	4	9	8	1	3
4	8	6	3	7	5	1	2	9
9	3	7	4	1	2	5	6	8
2	5	1	9	6	8	7	3	4
6	2	8	7	9	4	3	5	1
5	4	3	6	8	1	9	7	2
1	7	9	2	5	3	4	8	6

246

9	7	2	6	3	4	8	1	5
6	4	5	9	1	8	2	7	3
3	8	1	7	5	2	9	4	6
7	6	8	5	2	1	4	3	9
1	5	4	3	8	9	7	6	2
2	3	9	4	7	6	5	8	1
4	2	6	8	9	3	1	5	7
5	1	3	2	4	7	6	9	8
8	9	7	1	6	5	3	2	4

247

8	2	7	1	6	3	9	4	5
3	6	5	9	4	7	2	1	8
1	4	9	8	2	5	3	7	6
9	8	3	2	7	4	5	6	1
4	1	6	3	5	9	8	2	7
7	5	2	6	1	8	4	3	9
6	9	4	7	8	2	1	5	3
2	3	1	5	9	6	7	8	4
5	7	8	4	3	1	6	9	2

248

6	1	5	9	4	7	8	2	3
3	8	4	2	6	1	5	7	9
7	9	2	5	3	8	4	1	6
1	2	9	7	5	3	6	4	8
5	3	6	8	2	4	1	9	7
8	4	7	6	1	9	3	5	2
9	6	8	4	7	5	2	3	1
2	5	3	1	9	6	7	8	4
4	7	1	3	8	2	9	6	5

249

9	6	8	4	7	3	1	2	5
3	4	2	5	1	8	7	6	9
1	5	7	2	6	9	4	3	8
2	3	4	1	9	6	8	5	7
7	9	5	8	4	2	3	1	6
6	8	1	7	3	5	9	4	2
5	2	3	9	8	4	6	7	1
4	7	9	6	5	1	2	8	3
8	1	6	3	2	7	5	9	4

250

1	4	7	5	3	8	2	6	9
3	2	6	1	4	9	8	5	7
8	5	9	2	7	6	3	1	4
5	7	8	3	2	4	6	9	1
6	1	2	7	9	5	4	3	8
4	9	3	6	8	1	7	2	5
9	3	5	4	6	7	1	8	2
7	6	1	8	5	2	9	4	3
2	8	4	9	1	3	5	7	6